同治嵊縣志 2

紹興大典

史部

中華書局

嵊縣志卷五

學校志

宋慶歷三年用政府范仲淹請詔天下州縣皆立學嵊邑建學有稽者始於此夫自有宋濂洛關閩諸子出聖道如日月中天固已然始尊信孔子者實由龍門司馬遷遷之言曰予讀孔氏書想見其爲人適魯觀仲尼廟堂車服禮器諸生以時習禮其間予低徊畱之不能去云當是時距秦焚書未遠漢儒律令黃老辭賦之學紛相錯也獨慨然念五百歲之紹述深求六藝所折中而至聖之稱訖

爲千秋定謚豈不可謂豪傑之士歟今孔子廟遍
中國高山景行之思不必在洙泗間也將以質諸
讀孔氏之書而登堂習禮者志學校第四

學宮

歷代興葺

夏志嵊學在縣治西南二百五十步繼錦坊內剡山之麓東惠安寺西寶性寺俱封土爲界南達通衢北牆外二十一丈有奇抵圓超寺山界其地高明爽塏山川環拱按舊志宣聖廟在縣東南一百步宋慶歷間知縣沈振徙建縣治西南五十步未竟遷官去八年知縣丁寶臣嗣成之臨川

王安國記不存丁自爲記見文翰志崇寧二年增建學舍設學官弟子員張志是年詔改文宣王廟日大成殿宣和初燬於盜建炎元年知縣應彬建殿二年知縣范仲將建廊廡肖聖賢像紹興五年知縣姜仲開建學堂移殿與門南向汝陰王銍記按周志紹興十二年知縣毛鐸增葺黌宇有邑人蘇復跋丁實臣修學記並見文翰志乾道九年主簿江濤尉謝深甫葺新之邑人周汝士記見文翰志嘉定七年知縣史安之以故學地僻且就圯移建今所闢山爲基繚以外垣中爲大成殿製先聖坐像翼以兩廡列畫七十二子殿後爲明倫堂左右夾室夾室前降階爲東西序直舍堂東爲先賢

祠上爲仰高亭兩廡後置居仁集義達道養蒙四齋殿前爲戟門門外泮池架石爲橋南爲欞星門門逼土墻墻外皆民地戟門東爲土神祠祠後爲守舍祠前降階爲秀異亭自亭循坡而下南直通衢爲儒學門鄭人袁爕高似孫並有記見文翰志□祐八年知縣氷邱袤繕修以事去尉施復孫竟其功邑人周焱記見文翰志元元貞二年縣尹佘洪命儒士葺治後至元二年尹張元輔至正五年尹洽瓚先後增葺邑人王璛記見文翰志九年尹趙琬修明倫堂因作仰高亭於堂後二十一年廟燬獨存堂二十三年守帥周紹祖建廟

命攝縣事邢雄增修堂宇東築文昌祠儒學提舉楊翮記見文翰志【周志】明興因故爲新斲木搏土爲先師及四配十哲像廟左右爲兩廡甬路而南爲戟門戟門南爲泮池池外爲欞星門門左爲儒學門廟之北爲明倫堂兩夾室左神厨右祭器庫堂前東爲修德齋西爲凝道齋兩齋後爲號房諸生肄業焉廟東有碑亭故文昌祠址西有學倉堂東爲射圃教諭廨在堂後兩訓導廨一在修德齋後一在堂西修德齋南爲宰牲房洪武二年十月詔重學校鑴設科分教介式於學仍降臥碑制書三年詔頒鄉

射禮儀於學宮十一年詔頒鄉飲禮儀於學宮二
十七年教諭湯輔修明倫堂訓導施震記見文翰志按張志二十八年
頒大成樂器於天下府學令州縣學如式製造正統間知府白玉視學命
知縣孟文闢泮池及櫺星門前地邑民應溫達捨
之成化初知縣李春增闢之邑民樓秉迪克剛捨
地明年修兩齋四年縣丞方玘更闢學門外之壅
者邑民裘守艮守儉彥功同捨地已上捨地俱有碑記頒胙爲常
五年知縣許岳英修明倫堂教諭陳烜記見文翰志按張志陳烜又編
潘爲南園有孔氏泉陳公石鳳尾竹虎鬚蒲胭脂
桃翠絲柳玉帶水寶塔鈴八詠訓導王洪搆書屋
前爲竹林閘六年教諭陳烜擬建鄉賢祠於明倫
衕造幽雅

堂之東南隅王洪記見文翰志十六年知縣周磨修號房宏治元年提學副使鄭紀過嵊謁廟謂制隘弗稱且棟柱就圮命知縣夏完改作廟拓大之齋廡多所增飾建詠歸亭於泮橋會饌堂於廟西鄭郎爲記見文翰志五年訓導王洪建瑛庵於西廨有瑛庵八詠明年改訓導西廨爲教諭廨而訓導西廨以西號房爲之十年知縣臧鳳重覆廟瓦飾其榱桷更增建教諭廨宇十一年知縣徐恂修兩廡遷詠歸亭於明倫堂後曰應奎亭建觀德亭於射圃作新號房凡九十楹飾舊凡五十餘楹邑人夏霈記見文翰志作抗塵樓於

訓導廨東（訓導周倈記見文翰志）嘉靖七年建敬一亭於明倫堂北立石刻御製敬一箴五箴解詔去聖賢像用主瘞像於廟東北百武曰孔像墓荷松偃覆其間改大成殿曰先師廟諡號曰至聖先師孔子是年知府洪珠視學命知縣呂章遷廟於明倫堂左泮池櫺星門俱徙而左（張志是爲今所）明倫堂南爲門曰道義門以故泮池外地爲射圃十三年奉制建啟聖公祠於訓導西廨之西（故實性寺大殿呂章廢寺爲之）爲會饌堂於啟聖祠東（故實性寺觀音殿）隆慶間訓導東廨圮以會饌堂爲廨四年教諭王天和擬議祀名宦知縣

薛周中請肇祀然未有特祠卽鄉賢祠中分之祀張稷楊簡六年王天和議遷儒學門於道義門南道射圃直達莊衢射圃廢邑人喻思化捐資爲之知縣朱一栢修廟甃砌周垣數百丈萬歷二年重建文昌祠教諭王天和建聚奎堂於廨內三間三年朱一栢重修鄉賢祠張志重建於戟門之左十一年知縣姜克昌修廟仙居岩時來記見文翰志十三年知縣萬民紀重建儒學門張志今號房及觀德應奎亭俱廢張志萬歷三十二年知縣文典章重建廟廡欞星門徙泮池於門外建鄉賢名宦祠於廟門兩廡名宦左鄉賢右崇禎四年知縣方叔

壯易殿楹以石鑄鼎勒銘邑人喻安性十四年知縣鄧藩錫重建明倫堂易堂楹以石國朝順治十六年知縣史欽命修殿康熙二年縣丞門有年捐俸建兩廡間六五年訓導龔自淑以鄉賢名宦祠廢春秋無從行禮捐貲建小屋四間以二間祀名宦鄉賢一間祀文昌一間爲講院九年知縣張逢歡葺廟廡建櫺星門甃泮池修石欄邑人朱爾銓記見文翰志十年訓導謝三錫捐俸構兩廡神座造先賢先儒神牌又造明倫堂大鼓懸架與鐘稱乾隆李志康熙二十三年頒懸

御書萬世師表扁額三十三年頒御製孔子贊四子贊勒碑學宮（道光李志康熙間學廨久圮學官僦居民舍教諭朱宸枚以四十六年來任平西廡荒山及民之侵占者建屋七楹於明倫堂東）五十四年知縣任儀京重建明倫堂五十七年改建文昌祠於鹿胎山巔六十年知縣宋敷建名宦祠於明倫堂大門左側鄉賢祠於右側雍正三年頒懸御書生民未有扁額奉旨改啟聖祠爲崇聖祠五年知縣張泌奉文移建忠孝義祠於崇聖祠東側六年知縣李之果重建文昌祠於大成殿東偏兼爲訓導寓署八年知縣王以曜

重建兩廡戟門及入聖牌坊十年知縣傅珏續修櫺星門戟門繚垣增兩廡神座十一年仍建名宦祠於廟門外左鄉賢祠於廟門外右乾隆二年知縣張彥珩撤殿材而新之增建崇聖祠臺門及儀門三間用築垣以蔽行人就敬一亭廢址建尊經閣三間爲藏書所增築圍墻六十餘丈以山高風勁閣難垂久也是年頒懸

御書與天地參扁額四年知縣黃珏改建忠孝義祠於明倫堂西文昌閣故址五年知縣李以炎葺文昌祠增建前殿五間仍以舊祠爲訓導公署道光李志乾隆

二十三年知縣實忻修廟以調去知縣黃紹運成之二十八年教諭汪墉訓導孫昇修明倫堂郡守朱煦記見文翰志四十六年教諭李增建愛閒堂秀水朱休度記見文翰志四十八年邑人劉純等改建訓導廨於明倫堂西五十三年知縣唐仁埴增修學宮郭文誌續成之督學使者朱珪記見文翰志五十四年邑人喻大中重建戟門移建忠孝義祠於學署之西嘉慶元年喻大中重建尊經閣易木以石繚以崇垣庋羣籍於閣郡守高三畏記見文翰志三年頒懸

御書聖集大成扁額六年奉

旨尊爲

至聖廟改文昌祠爲文廟按是年合邑捐貲重建文廟並建奎星閣於東偏十年喻大中周光煒等改建崇聖祠於文廟後十九年教諭萬星垣重葺署齋顏曰七架五間草堂自爲記堂前有泮香池種荷藪柄題曰蓮西舫堂後軒曰列岫軒道光元年頒懸

御書聖協時中扁額七年萬星垣修昌黎祠按祠在學署東郎土神祠

新纂 道光十七年邑人錢釗修大成殿兩廡名宦鄉賢祠石欄泮池櫺星門繚垣喻萃修戟門吳金科修崇聖祠文廟奎星閣張萬年修明倫堂昌黎祠童沂童泮捐田供歲修咸豐　年頒懸

御書德如幬載扁額八年邑人錢鹿鳴尹金鑑等修奎星閣移建學山公所於閣後九年邑人錢沛塑奎星神像同治三年頒懸

御書聖神天縱扁額五年合邑捐修文武廟崇聖祠聖宮之兩廡昌黎祠名宦鄉賢忠孝義祠重建尊經閣敎諭訓導廨六年合修奎星閣及學山公所皆十年告竣七年邑人錢沛修大成殿九年沛子椿杞等續成之並脩戟門十年告成正統間魏驥有記成化間薛綱有記並見文翰志

大成殿祀位今遵同治二年部頒文廟祀位

至聖先師孔子

東配

復聖顏子諱回字子淵魯人漢永平十五年祀七十二弟子顏子位第一魏晉祀孔子均以顏子配唐貞觀二年以孔子爲先聖顏子配饗

述聖子思子諱伋字子思孔子孫宋大觀二年從祀端平三年升列哲位咸□三年配饗

西配

宗聖曾子諱參字子輿魯南武城人唐開元八年從祀宋咸□三年配饗

亞聖孟子諱軻字子輿一作子車鄒人宋元豐七年配饗

以上配位宋以前皆稱封爵元至順元年贈顏子

兗國復聖公曾子郕國宗聖公子思子沂國述聖公孟子鄒國亞聖公明嘉靖九年改稱復聖顏子宗聖曾子述聖子思子亞聖孟子　國朝因之

東哲

先賢閔子　諱損字子騫魯人唐開元八年從祀

先賢冉子　諱雍字仲弓魯人唐開元八年從祀

先賢端木子　諱賜字子貢衛人唐開元八年從祀

先賢仲子　諱由字子路一字季路卞人唐開元八年從祀

先賢卜子　諱商字子夏衛人唐貞觀二十一年以經師從事開元八年以十哲從祀

先賢有子　諱若字子有魯人唐開元八年從祀國朝乾隆三年升列哲位

西哲

先賢冉子　諱耕字伯牛魯人唐開元八年從祀

先賢宰子　諱予字子我魯人唐開元八年從祀

先賢冉子　諱求字子有魯人唐開元八年從祀

先賢言子　諱偃字子游吳人唐開元八年從祀

先賢顓孫子　諱師字子張陳人唐開元八年從祀宋咸□三年升列哲位

先賢朱子　諱熹字元晦婺源人宋建炎四年生慶元六年卒年七十一□祐元年從祀國朝康熙五十一年升列哲位

以上哲位宋以前皆稱封爵明嘉靖九年改稱先賢某子　國朝因之有子朱子升列哲位從一例

東廡先賢

先賢公孫僑 字子産一字子美鄭人左傳魯襄公八年始見昭公八年卒 國朝咸豐七年從祀原西廡擬移東廡

先賢林放 字子邱魯人唐開元二十七年從祀明嘉靖九年改祀於鄉 國朝雍正二年復祀原西廡擬移東廡

先賢原憲 字子思宋人鄭康成曰魯人唐開元二十七年從祀

先賢南宮适 字子容家語作韜魯人唐開元二十七年從祀

先賢商瞿 字子木魯人唐開元二十七年從祀

先賢漆雕開 字子若蔡人鄭康成曰魯人唐開元二十七年從祀

先賢司馬耕 字子牛宋人唐開元二十七年從祀

先賢梁鱣字子魚齊人唐開元二十七年從祀

先賢冉孺字子魯魯人唐開元二十七年從祀

先賢伯虔字子析魯人唐開元二十七年從祀

先賢冉季字子產魯人唐開元二十七年從祀

先賢漆雕徒父字子有一作從字子文魯人唐開元二十七年從祀

先賢漆雕哆字子斂家語作漆雕侈魯人唐開元二十七年從祀

先賢公西赤字子華魯人唐開元二十七年從祀

先賢任不齊字子選楚人唐開元二十七年從祀

先賢公良孺字子正家語作儒陳人唐開元二十七年從祀

先賢公肩定字子中家語作堅字子仲魯人唐開元二十七年從祀

先賢鄡單字子家徐廣曰一云鄡單魯人唐開元二十七年從祀

先賢罕父黑字子索家語作宰父黑魯人唐開元二十七年從祀

先賢榮旂字子祺一作祈魯人唐開元二十七年從祀

先賢左人郢字子行家語作左郢唐開元二十七年從祀

先賢鄭國字子徒一作薛邦魯人唐開元二十七年從祀

先賢原亢字子籍魯人唐開元二十七年從祀

先賢廉潔字子曹一作子庸衞人古史作齊人唐開元二十七年從祀

先賢叔仲會字子期一作噲魯人鄭康成曰晉人唐開元二十七年從祀

先賢公西輿如字子上古史作公西輿魯人唐開元二十七年從祀

先賢邽巽字子斂家語作選字子欽魯人唐開元二十七年從祀

先賢陳亢字子亢一字子禽陳人唐開元二十七年從祀

先賢琴張家語琴牢字子開一字子張衞人唐開元二十七年從祀

先賢步叔乘字子車齊人唐開元二十七年從祀

先賢秦非字子之魯人唐開元二十七年從祀

先賢顏噲字子聲魯人唐開元二十七年從祀

先賢顏何字子冉魯人唐開元二十七年從祀明嘉靖九年罷國朝雍正二年復祀

先賢縣亶字子象索隱作縣豐魯人國朝雍正二年從祀

先賢牧皮朱註云未詳國朝雍正二年從祀原西廡擬移東廡

先賢樂正克國朝雍正二年從祀

先賢萬章國朝雍正二年從祀

先賢周敦頤字茂叔道州營道縣人宋天熙元年生熙甯六年卒年五十七□祐元年從祀

先賢程顥字伯□河南人宋明道元年生元豐八年卒年五十四□祐元年從祀

先賢邵雍字堯夫河南人宋大中祥符四年生熙甯十年卒年六十七咸□三年從祀

西廡先賢

先賢蘧瑗字伯玉衞人左傳魯襄公十四年始見卒年無考史記定公十四年孔子猶主蘧伯玉家其卒後於公孫僑蓋三十餘年唐開元二十七年從祀明嘉靖九年改祀於鄉國朝雍正二年復祀原東廡擬移西廡

先賢澹臺滅明字子羽武城人唐開元二十七年從祀原東廡擬移西廡

先賢宓不齊字子賤魯人唐開元二十七年從祀

先賢公冶長　字子長齊人家語曰魯人唐開元二十七年從祀

先賢公晳哀　字季次齊人唐開元二十七年從祀

先賢高柴　字子羔齊人鄭康成曰衛人唐開元二十七年從祀

先賢樊須　字子遲魯人鄭康成曰齊人唐開元二十七年從祀

先賢商澤　字子秀一作子季魯人唐開元二十七年從祀

先賢巫馬施　字子期陳人唐開元二十七年從祀

先賢顏辛　字子柳魯人唐開元二十七年從祀

先賢曹䘏　字子循蔡人唐開元二十七年從祀

先賢公孫龍　字子石衛人唐開元二十七年從祀

先賢秦商　字子丕魯人鄭康成曰楚人唐開元二十七年從祀

先賢顏高　字子驕一名顏刻魯人唐開元二十七年從祀

先賢壤駟赤　字子徒鄭康成曰秦人唐開元二十七年從祀

先賢石作蜀　字子明秦人唐開元二十七年從祀

先賢公夏首　字乘一字子傑鄭康成曰魯人唐開元二十七年從祀

先賢后處　字子里家語作石處字里之齊人唐開元二十七年從祀

先賢奚容蒧　字子晳一作奚蒧字子楷魯人唐開元二十七年從祀

先賢顏祖　字子襄魯人唐開元二十七年從祀

先賢句井疆　字子疆家語作勾鄭康成曰衛人唐開元二十七年從祀

先賢秦祖　字子南秦人唐開元二十七年從祀

先賢縣成　字子橫一字子棋魯人唐開元二十七年從祀

先賢公祖句茲　字子之家語無句字魯人唐開元二十七年從祀

先賢燕伋　字思家語作級字子思秦人唐開元二十七年從祀

先賢樂欬　字子聲家語作欣正義曰魯人唐開元二十七年從祀

先賢狄黑　字子晳家語作晳之衞人唐開元二十七年從祀

先賢孔忠　字子蔑家語作弗孔子兄孟皮子唐開元二十七年從祀

先賢公西蒧　字子尙魯人唐開元二十七年從祀

先賢顏之僕　字子叔魯人唐開元二十七年從祀

先賢施之常　字子恆魯人唐開元二十七年從祀

先賢申棖　字子周魯人唐開元二十七年從祀

先賢左丘明　魯人唐貞觀二十一年以經師從祀

先賢秦冉字開蔡人唐開元二十七年從祀明嘉
靖九年罷 國朝雍正二年復祀

先賢公明儀

先賢公都子

先賢公孫丑

先賢張載字子厚郿縣人宋天禧四年生熙甯十
年卒年五十八口祐元年從祀

先賢程頤字正叔河南人宋明道二年生大觀元
年卒年七十五口祐元年從祀

以上先賢位宋以前從祀者皆稱封爵明嘉靖九
年改稱先賢某子周張程邵五子嘉靖時稱先儒
崇禎十五年改稱先賢位在七十子之下漢唐諸
儒之上 國朝俱稱先賢不稱子

東廡先儒

先儒公羊高　周末齊人子夏弟子唐貞觀二十一年從祀

先儒伏勝　濟南人秦博士唐貞觀二十一年從祀

先儒毛亨　年無考受詩於荀卿以授毛萇按史記楚考烈王二十五年荀卿廢居蘭陵距漢興三十二年太平御覽引毛詩正義云荀卿授漢人魯國毛亨則是秦漢間人國朝同治二年從祀

先儒孔安國　字子國魯人漢武帝時爲博士侍中唐貞觀二十一年從祀原西廡擬移東廡

先儒后蒼　東海郯人漢宣帝時爲博士明嘉靖九年從祀

先儒鄭康成　諱元北海高密人漢永建二年生建安五年卒年七十四唐貞觀二十一

年從祀明嘉靖九年改祀於鄉　國朝雍正二年復祀原西廡擬移東廡

先儒范甯　字武子順陽鄢陵人晉咸康五年生隆安五年卒年六十三唐貞觀二十一年從祀明嘉靖九年改祀於鄉　國朝雍正二年復祀原西廡擬移東廡

先儒陸贄　字敬輿嘉興人唐天寶十二年生永貞元年卒年五十二　國朝道光六年從祀

先儒范仲淹　字希文吳縣人宋端拱二年生皇祐四年卒年六十四　國朝康熙五十四年從祀

先儒歐陽修　字永叔廬陵人宋景德四年生熙甯五年卒年六十六明嘉靖九年從祀

先儒司馬光　字君實夏縣人宋天禧三年生元祐元年卒年六十八咸口三年從祀原西廡擬移東廡

先儒謝良佐　字顯道上蔡人宋元豐八年進士生卒年無考與楊時同稱程門四先生國朝道光二十九年從祀

先儒羅從彥　字仲素南劍州人宋熙甯五年生紹興五年卒年六十四明萬歷四十二年從祀

先儒李綱　字伯紀謚忠定邵武人宋元豐六年生紹興十年卒年五十八國朝咸豐元年從祀原西廡擬移東廡

先儒張栻　字敬夫綿竹人宋紹興三年生口熙七年卒年四十八景定二年從祀原西廡擬移東廡

先儒陸九淵　字子靜金溪人宋紹興九年生紹熙三年卒年五十四明嘉靖九年從祀原西廡擬移東廡

先儒陳口　字安卿龍溪人宋紹興二十三年生嘉定十年卒年六十五　國朝雍正二年從祀

先儒眞德秀　字景元更字希元浦城人宋口熙五年生端平二年卒年五十八明正統二年從祀原西廡擬移東廡

先儒何基　字子恭金華人宋口熙十五年生咸口四年卒年八十一　國朝雍正二年從祀原西廡擬移東廡

先儒文天祥　字文山一字宋瑞廬陵人宋端平三年五月二日生元至元十九年卒年四十七　國朝道光二十三年從祀原西廡擬移東廡

先儒趙復　字仁甫德安人生卒年無考以宋端平二年至北庭嘗列元儒之首　國朝雍正二年從祀

先儒金履祥字吉甫蘭溪人宋紹定五年生元大德七年卒年七十二　國朝雍正二年從祀原西廡擬移東廡

先儒陳澔字雲莊江西都昌人宋景定二年生元至正元年卒年八十一　國朝雍正二年從祀原西廡擬移東廡

先儒方孝孺字希直天台人元至正十七年生明建文四年卒年四十六　國朝同治二年從祀

先儒薛瑄字德溫河津人明洪武二十二年生天順八年卒年七十六隆慶五年從祀原西廡擬移東廡

先儒胡居仁字叔心餘干人明宣德九年生成化二十年卒年五十一萬歷十二年從祀

先儒羅欽順字允升泰和人明成化二年生嘉靖
二十六年卒年八十三　國朝雍正
二年從祀
先儒呂柟字仲木高陵人明成化十五年生嘉靖
二十一年卒年六十四　國朝同治二
年從祀原西廡擬移東廡
先儒劉宗周字念臺山陰人明萬歷六年生　國
朝順治二年卒年六十八道光二年
從祀原西廡擬移東廡
先儒孫奇逢字啟泰容城人明萬歷十二年生
國朝康熙十四年卒年九十二道光
八年從祀原西廡擬移東廡
先儒陸隴其字稼書平湖人明崇禎三年生　國
朝康熙三十一年卒年六十三雍正
二年從祀原西廡擬移東廡

西廡先儒

先儒穀梁赤 周末魯人子夏弟子唐貞觀二十一年從祀

先儒高堂生 秦末漢初魯人唐貞觀二十一年從祀

先儒董仲舒 廣川人漢武帝初年對策爲江都相元至順元年從祀原東廡擬移西廡

先儒毛萇 字子長趙人漢河間獻王博士當武帝時唐貞觀二十一年從祀

先儒杜子春 河南緱氏人漢永平初年年九十唐貞觀二十一年從祀原東廡擬移西廡

先儒諸葛亮 字孔明瑯琊人漢光和四年生建興十二年卒年五十四 國朝雍正二年從祀原東廡擬移西廡

先儒王通 字仲淹龍門人陳至德二年生隋義甯二年卒年三十五一作開皇二年生年

三十七明嘉靖九年從祀原東廡擬移
西廡

先儒韓愈字退之南陽修武人唐大歷三年生長
慶三年卒年五十七宋元豐七年從祀

先儒胡瑗字翼之海陵如皋人宋□化四年生嘉
祐四年卒年六十七明嘉靖九年從祀

先儒韓琦字稚圭安陽人宋大中祥符元年生熙
甯八年卒年六十八 國朝咸豐二年
從祀原東廡擬移西廡

先儒楊時字中立將樂人宋皇祐五年生紹興五
年卒年八十三明宏治八年從祀原東
廡擬移西廡

先儒尹焞字彥明洛陽人宋熙甯四年生紹興十
二年卒年七十二 國朝雍正二年從
祀

先儒胡安國字康侯崇安人宋熙甯七年生紹興
八年卒年六十五明正統二年從祀

先儒李侗字愿中劍浦人宋元祐八年生隆興元年卒年七十一明萬歷四十二年從祀原東廡擬移西廡

先儒呂祖謙字伯恭婺州人宋紹興七年生□熙八年卒年四十五景定二年從祀原東廡擬移西廡

先儒袁燮字和叔號絜齋謚正獻鄞縣人宋甯宗初舉進士　國朝同治七年從祀

先儒黃榦字直卿閩縣人宋紹興二十二年生嘉定十四年卒年七十　國朝雍正二年從祀

先儒蔡沈字仲默建陽人宋乾道三年生紹定三年卒年六十四明正統二年從祀原東廡擬移西廡

先儒魏了翁字華父邛州人宋□熙五年生嘉熙五年卒年六十　國朝雍正二年從

祀原東廡擬移西廡

先儒王柏字會之金華人宋慶元三年生咸□十年卒年七十八　國朝雍正二年從祀原東廡擬移西廡

先儒陸秀夫字君實鹽城人宋端平三年十月八日生祥興二年卽元至元十六年卒年四十四　國朝咸豐九年從祀

先儒許衡字仲平河內人宋嘉定二年生元至元十八年卒年七十三皇慶二年從祀

先儒吳澄字幼清崇仁人宋□祐九年生元元通元年卒年八十五明正統八年從祀嘉靖九年罷　國朝乾隆二年復祀原東廡擬移西廡

先儒許謙字益之金華人元至元七年生後至元三年卒年六十八　國朝雍正二年從祀原東廡擬移西廡

先儒曹端字月川澠池人明洪武九年生宣德九年卒年五十九　國朝咸豐十年從祀原東廡擬移西廡

先儒陳獻章字公甫新會人明宣德三年生宏治十三年卒年七十三萬歷十二年從祀

先儒蔡清字介夫晉江人明景泰四年生正德三年卒年五十六　國朝雍正二年從祀

先儒王守仁字伯安餘姚人明成化八年生嘉靖七年卒年五十七萬歷十二年從祀原東廡擬移西廡

先儒呂坤字叔簡甯陵人明嘉靖十五年生萬歷四十六年卒年八十三　國朝道光六年從祀

先儒黃道周字石齋漳浦人明萬歷十三年生　國朝順治三年卒年六十二道光五

年從祀原東廡擬移西廡

先儒湯斌字孔伯一字潛庵雎州人明天啟七年生國朝康熙二十六年卒年六十一道光三年從祀原東廡擬移西廡

以上先儒位明嘉靖以前從祀者皆稱封爵嘉靖九年改稱先儒某子　國朝稱先儒不稱子

釋奠

正位陳設　牛一羊一豕一登一實以太羹鉶二實以和羹簠二實以黍稷簋二實以稻粱籩十實以形鹽藁魚鹿脯棗栗榛菱芡黑餅白餅豆十實以韭菹菁菹芹菹筍菹醓醢鹿醢兔醢魚醢脾肵豚胉鑪一鐙二

四配位陳設　各羊一豕一鉶二簠二簋二籩八實以形鹽藁魚鹿脯棗栗榛菱芡豆八實以韭菹菁菹芹菹筍菹醓醢鹿醢兔醢魚醢鑪一鐙二

十二哲位陳設　鉶一簠一簋一籩四實以形鹽棗栗藁魚豆四實以韭菹醓醢菁菹鹿脯東西各羊一豕一鑪一鐙二

殿中設一案少西北向供祝版其南東設一案西

向陳禮神制帛九色白香盤四尊三爵二十有七西設一案東向陳禮神制帛八香盤三尊二爵二十有四凡牲陳於俎凡帛正位四配異篚十二哲東西共篚凡尊實酒承以舟疏布冪勺具

東廡陳設　二位同案每位爵一實酒每案簠一簋一籩四豆四先賢案前羊二豕二香案一鑪一鐙二先儒案前羊一豕一香案一鑪一鐙二設一案於南北向陳禮神制帛二香盤二尊三虛爵六俎篚冪勺具西廡陳設同

樂懸　殿外兩階金編鐘在東玉編磬在西皆十有

六懸以虡業東應鼓一柷一敔一西敔一東西分列琴六瑟四簫六篴六篪四排簫二塤二笙六搏拊二旌二羽籥三十有六

儀節　長官爲正獻其貳及所屬兩序分獻司祝司香司帛司爵司饌引贊通贊引班以學弟子員嫻禮儀者執事春秋仲月上丁日祭致齋二日前一日有司飭廟戸潔掃殿廡內外眡割牲官公服詣神厨眡割牲正獻官率執事人入學習儀教官率樂舞諸生入學習舞習吹祭日三更祭事皆備鼓再嚴樂舞生執事者各立丹墀左右鼓三嚴引贊

各獻官廟門外立通贊唱樂舞生就位樂生序立於廟庭奏樂之所兩司節者分引舞生至丹墀東西兩階序立於舞佾之位兩司節者退至舞生兩班首持節相向立唱執事者司事陪祭官就位分獻官就位獻官就位引贊引獻官至拜位引贊退位唱瘞毛血執事者捧毛血由中門出四配十二哲兩廡由左右門出瘞於坎啓俎蓋唱迎神樂奏昭平之章麾生揚麾樂生擊柷樂作司節舉節舞生執籥秉翟而舞叩首再叩首三叩首興麾生偃麾樂盡櫟敔司節伏節舞生罷舞唱奠帛行初獻

禮捧帛者捧帛執爵者執爵引贊引獻官詣盥洗所勺水淨巾引詣酒尊所司尊者舉冪酌酒執爵者捧帛者在獻官前行正位帛爵由中門入四配帛爵由左門入各於神案側立引贊引獻官亦由左門入詣

至聖先師神位前樂奏宣平之章麾生揚麾樂生擊柷樂作司節舉節舞生執籥秉翟而舞獻官跪捧帛者西向跪進帛獻官獻帛授接帛者奠於神位前叩首興詣讀祝位祝位在香案前引贊引獻官至祝位麾生偃麾樂暫止讀祝者跪取祝文退立於獻官左

獻官并各官及讀祝者皆跪祝辭曰維某年月日

某官某致祭於

至聖先師孔子曰惟

先師德隆千聖道冠百王揭日月以常行自生民所未

有屬

文教昌明之會正禮和樂節之時辟雍鐘鼓咸恪薦

於馨香泮水膠庠益致嚴於籩豆茲當仲春秋祗率

彝章肅展微忱肅將祀典以

復聖顏子

宗聖曾子

述聖子思子
亞聖孟子配尚
饗叩首興麾生舉麾樂生接奏未終之藥引贊引獻
官詣
復聖顏子神位前跪捧帛者跪進帛於獻官右獻官
獻帛授接帛者奠於神位前案上執爵者跪進爵
於獻官右獻官獻爵授接爵者奠於神位前叩首
興次詣
宗聖曾子
述聖子思子

亞聖孟子神位前儀同復位引贊引獻官至原拜位
立通贊唱行分獻禮各引贊引分獻官至盥洗所
勺水淨巾引詣酒尊所司尊者舉冪酌酒各引贊
引分獻官至十二哲兩廡神位前跪捧帛者跪進
帛分獻官獻帛授接帛者奠於神位前捧爵者跪
進爵分獻官獻爵授接爵者奠於總案上執事者
於各神前自奠一爵叩首興復位麾生偃麾樂盡
櫟敔司節伏節舞生罷舞通贊唱行亞獻禮引贊
引獻官詣酒尊所司尊者舉冪酌酒詣
至聖先師神位前樂奏秩平之章麾生揚麾樂生擊柷

樂作司節舉節舞生執籥秉翟而舞儀如初獻四
配十二哲兩廡亞終獻儀胥同初獻復位麾生偃
麾樂盡櫟敔司節伏節舞生罷舞通贊唱行終獻
禮儀同初獻樂奏敘平之章樂作佾舞獻爵諸儀
畢復位麾生偃麾樂盡櫟敔司節伏節舞生罷舞
通贊唱飲福受胙進福酒者捧爵進福胙者取正
壇羊左肩胙置於盤引贊引獻官詣飲福位跪郎讀
祝位捧福酒者跪進酒於獻官右獻官受飲以爵授
接胙者由中門捧出叩首興復位叩首再叩首三
叩首各官同唱徹饌樂奏懿平之章樂生奏如前

式執事者跪舉籩豆一器一舉而徹兩班司節分引舞生於丹墀東西相向序立不舞麾生偃麾樂盡櫟敔唱送神樂奏德平之章樂生奏如前式叩首再叩首三叩首各官同麾生偃麾樂暫止讀祝者捧祝奠帛者捧帛各詣瘞所正廟由中門出四配十二哲兩廡帛由左右門出唱望瘞麾生揚麾接奏前樂引贊引獻官陪祭官至瘞所唱焚文帛九段焚訖麾生偃麾樂止復位通贊唱禮畢

迎神樂章昭平辭曰大哉孔子先覺先知與天地參萬世之師祥徵麟紱韻答金絲日月既揭乾坤清夷

初獻樂章宣平辭曰予懷明德玉振金聲生民未有展

也大成俎豆千古春秋上丁清酒既載其香始升

舞羽籥之舞

亞獻樂章秩平辭曰式禮莫愆升堂再獻響協鼓鏞誠

孚罍甗肅肅雍雍譽髦斯彥禮陶樂淑相觀而善

三獻樂章敘平辭曰自古在昔先民有作皮弁祭菜於

論思樂惟天牖民惟聖時若彝倫攸敘至今木鐸

舞均如初

徹饌樂章懿平辭曰先師有言祭則受福四海黌宮疇

敢不肅禮成告徹毋疏毋瀆樂所自生中原有菽

送神樂章德平辭曰鳬繹峩峩洙泗洋洋景行行止流
澤無疆聿昭祀事祀事孔明化我烝民育我膠庠
右陳設樂懸儀節樂章謹遵　大淸通禮及府
志又道光李志所載樂章與此不合並存諸左
以備參考
迎神樂章麾生舉麾唱曰樂奏咸平之章遂擊　大
柷作樂每歌一句擊鼓三聲無舞
太四哉南宮至林尺聖仲上道太四德仲上尊林尺崇仲上維南工持林尺
王仲上化太四斯林尺民仲上是黃合宗太四典黃合祀太四有仲上常
林尺精南工純林尺竝太四隆仲上神黃六其南工來林尺格仲上於林尺
昭仲上聖黃合容太四麾生偃麾櫟敔樂止

初獻樂章 麾生舉麾唱曰樂奏甯平之章擊柷作樂諸舞生按節而舞

自太四生仲上民林尺來仲上誰太四底黃合其仲上盛太四惟南工師林尺神仲上明太四度黃合越仲上前仲上聖太四粢仲上帛太四其仲上成林尺禮黃合容太四斯林尺稱仲上黍太四稷南工非黃六馨林尺維南工神林尺之仲上聽太四

亞獻樂章 麾生舉麾唱曰樂奏安平之章擊柷作樂諸舞生按節而舞

大太四哉仲上聖黃合師大四實南工天林尺生仲上德太四作仲上樂太四以仲上崇林尺時仲上祀太四無林尺斁仲上清黃六酤南工惟仲上馨仲上嘉林尺牲仲上孔黃合碩太四薦太四修南工神黃六明林尺庶南工幾林尺昭仲上格太四

三獻樂章麾生舉麾唱曰樂奏景平之章擊柷作樂諸舞生按節而舞百仲上王
南工宗林尺師仲上生林尺民仲上物太四軌黃合瞻黃六之南工洋林尺
洋仲上神林上其仲上甯太四止黃合酌太四彼黃合金林尺罍仲上惟南工
清林尺且太四旨仲上登仲上獻太四惟林尺三仲上於黃六嘻南工
成林尺禮仲上

徹饌樂章麾生舉麾唱曰樂奏咸平之章擊柷作樂諸舞生直執其籥而舞儀仲上
象太四在仲上前林尺豆太四籩仲上在黃合列太四以太四享南工以
林尺薦仲上既仲上芬林尺既太四潔仲上禮黃合成太四樂仲上備太四
人南工和林尺神仲上悅太四祭黃合則太四受仲上福林尺率黃合遵
南工無林尺越仲上

送神樂章

麾生舉麾唱曰樂奏咸平之章擊柷作樂無舞

有太四嚴南工學林尺宮仲上四黃合方太四來仲上崇太四恪黃六恭南工祀林尺事仲上威南工儀林尺雝仲上雝太四歆仲上茲林尺惟南工馨林尺神仲上馭太四還林尺復仲上明黃六禋南工斯林尺畢仲上咸南工膺林尺百仲上福太四

望燎

麾生舉麾唱曰舉望燎樂與送神同擊柷作樂無舞

初獻舞譜

自稍前向外開籥舞生蹈向裏開籥舞民合手蹲朝上來起辭身向外高舉籥面朝誰兩兩相對蹲東西相向底合手蹲朝上其正揖盛起平身出左手立惟兩兩相對自下而上東西相向師稍前舞舉籥垂翟神中班轉身東西相向立惟兩中班十二轉身俱東西相向明舉翟三合籥度稍前向外垂手舞越蹈向

裏垂 手舞 前 向前合手謙進 步雙手合篇 聖 同身再謙退步側身 向外高手回面向上 粢

正蹲 朝上 帛 稍舞躬身挽手側身向 外呈篇耳邊面朝上 俱 正 揖 成 起辭身挽 手復舉篇

正 立 禮 兩兩相對交篇兩 班俱東西手執篇 容 正 揖 斯 向外退挽手舉 篇向外面朝上 稱

回身 正立 黍 稍前 舞 稷 正蹲 朝上 非 左右垂手兩班上下 具雙垂手東西相向 馨 起 合

手相 向立 惟 左右側身垂手向 外開篇垂手舞 神 右側身垂手 向裏垂手舞 之 正揖 朝上

聽 躬而受之躬身朝上拱 篇而受之三鼓畢起

亞獻舞譜

大 左右進步向 外垂手舞 哉 右向裏 垂手舞 聖 向外落篇 面朝上

師 退向正 身立 實 正 蹲 天 起身向前轉 身向外舞 生 向裏 舞 德 合手謙 進步前

雙手合 篇蹲謙 作 兩兩相對自下而上 兩班相舉篇東西 樂 上下俱垂手惟 兩中班上下十

二人俱垂手轉 身東西相向 以 轉身東西 相向立 崇 相向立兩班上 下以翟合篇 時

稍前舞蹈兩班止祀向裏垂無合手謙進步向斁
下俱垂手向外手舞前垂手合籥
回身再謙兩班上下清稍前舞向酤向裏惟雙手
東西相向合籥立外開籥翟舞平執
籥翟開馨合籥翟朝嘉側身垂左右手兩牲躬身
籥翟上正立班俱垂手向外舞正揖
孔雙手舞籥碩躬而受之躬身朝上薦一叩頭舉
翟躬身拱籥受之一鼓而起右手叩頭
羞舉左手神復舉右明拜一鼓畢卽起庶三舞蹈
叩頭手叩頭躬身三鼓平身舉籥向
左躬幾舉籥向右昭舉籥復向格拱籥躬身
身舞躬身舞左躬身舞而受之

三獻舞譜

百向外開王向裏開宗側身向外師朝
籥舞籥舞面朝上上
正生兩班上下兩民合手朝物側身向軌合籥朝
立兩相對交籥上正蹲裏落籥上正立
瞻向外開之向裏開洋開籥朝洋合神向外開其
籥舞籥舞上正立籥籥舞
向裏開甯進步向前止回身東西酌向外開彼向
籥舞雙手合籥相向手謙籥舞裏

開籥舞金開籥朝上正立疊合籥朝向外垂上正立惟手舞清向裏垂手舞且

朝上正揖旨躬身而受之登躬身向左合籥舞獻躬身向右合籥舞惟躬身復向

左右籥三合籥朝上拜側身向外一鼓便起身於垂手舞嘻側身向裏垂手舞成

朝上正揖禮躬身朝南受之三鼓畢起身

祭器　爵三十六登一鐏六鉶二十四簠簋共三十

籩六十四豆六十四帛篚八牲俎大小二十二

樂器　麾一金鐘十六玉磬十六鼓一搏拊二柷一

敔一琴四排簫二笙四簫四笛四塤二篪二

舞器　節二翟二十四籥二十四干二戚二

樂舞生　舞用六佾每佾學額設三十八預選四八

以備充補

獻官執事　正獻官知縣分獻官教諭訓導陪祭官把總典史

通贊一人引贊一人讀祝一人陳設五人瘞毛血二人司盥二人司罇二人司爵二人司帛二人飲福受胙二人司庫十人監宰四人配位陳設五人司爵二人司帛二人引贊二人兩序陳設五人司爵二人司帛二人引贊二人兩廡陳設五人司爵二人司帛二人引贊二人仍志

朔望　月朔釋菜望日上香教諭訓導分班行禮儀同太學詳　大淸通禮

崇聖祠祀位遵同治二年部頒文廟祀位

肇聖王木金父公

裕聖王祈父公

詒聖王防叔公

昌聖王伯夏公

啟聖王叔梁公

以上正位明嘉靖九年於

大成殿後立啟聖祠祀叔梁公　國朝雍正元年

詔封孔子先世王爵合祀五代更名啟聖祠爲

崇聖祠

東配

先賢孔氏孟皮　國朝咸豐七年配饗

先賢顏氏名無繇唐開元二十七年從祀明嘉靖九年配饗

先賢孔氏名鯉宋咸□三年從祀明嘉靖九年配饗

西配

先賢曾氏名晳唐開元二十七年從祀明嘉靖九年配饗

先賢孟孫氏名激明嘉靖九年配饗

東廡先儒

先儒周氏名輔成年無考明萬歷二十三年從祀

先儒程氏名珦宋景德三年生元祐五年卒年八十五明嘉靖九年從祀

先儒蔡氏名元定宋紹興五年生慶元四年卒年六十四明嘉靖九年從祀

西廡先儒

先儒張氏名廸年無考　國朝雍正二年從祀

先儒朱氏名松宋紹聖四年生紹興十三年卒年四十七明嘉靖九年從祀

以上先賢先儒位明嘉靖時稱先賢某氏先儒某氏　國朝因之

致祭謹遵大清通禮

正位陳設　各羊一豕一鉶二簠簋各二籩豆各八鑪一鐙二

配位陳設　簠一簋一籩四豆四東西羊豕各一鑪

一鐙二

中設一案少西供祝版東設一案陳禮神制帛七香盤六尊四爵二十有一西設一案陳禮神制帛二香盤一尊三爵六

兩廡陳設　東二案西一案每位爵一實酒簠簋籩豆羊豕鑪鐙如配位之數各南設一案陳禮神制帛一香盤一尊一虛爵三俎篚冪酌皆具

儀節　春秋二仲上丁同日先祭儀節同無樂舞正獻官教諭前後兩廡皆食餼弟子員各一人分獻

祝辭曰惟某年月日某官某致祭於

肇聖王
裕聖王
詒聖王
昌聖王
啟聖王曰惟
王奕葉鍾祥光開聖緒盛德之後積久彌昌凡聲教所
覃敷率尋源而溯本宜肅明禋之典用申守土之
忱茲屆仲春秋聿脩祀事配以
先賢顏氏
先賢曾氏

先賢孔氏

先賢孟孫氏尙

饗按咸豐七年增配先賢孔氏孟皮位在顏氏前　右遵　大清通禮

獻官執事　正獻官教諭分獻官訓導通贊一人引

贊一人讀祝一人陳設五人瘞毛血二人司盥二

人司爵二人司帛二人司尊二人東配陳設五人

司爵二人司帛二人西配同東廡陳設五人司爵一

人司帛二人西廡同　右仍道光李志

學額

欽定學政全書　嵊縣學額進二十名廩生二十名增生二十名二年一貢同治三年廣永額進二十二名七年廣永額進二十四名

典籍前志所載無存今載同治年憲頒書目

御纂周易折中十本　周易程傳二本

欽定書經傳說彙纂十二本　尚書蔡傳四本

欽定詩經傳說彙纂十二本　詩經朱傳四本

欽定周官義疏二十四本　禮記陳澔集說十本

春秋三傳十二本　監本四書六本　十三經古註四十八本

陸氏三傳釋文音義二本　陸清獻公年譜一本　三魚堂文集五本　賸言一本

聖廟典制考　周立四代之學祀舜於虞庠祀禹於夏庠祀湯於殷學祀文武於周膠尊曰先聖配享當時左右四聖者曰先師自天下通祀孔子而舜禹湯文武之祀廢按廟祀自魯哀公癸亥始至漢武立太廟永平己未詔郡縣學合祀周公孔子周公南面坐孔子西牖下魏晉六朝來或祀闕里或祭郡雍無定制唐武德己卯詔國學立周公孔子廟各一貞觀戊子用左僕射房元齡奏停祀周公升孔子爲先聖顏子

爲先師庚寅詔州縣皆立孔子廟顯慶丁巳以周公
配武王龍朔壬戌以周公爲先聖孔子爲先師配東
西並峙開元辛未詔兩京諸州各置太公廟與聖廟
東西峙己卯詔兩京國子監及州縣孔子廟皆南面
元成宗命郡國通祀伏羲神農黃帝如先聖釋奠禮
明洪武丁卯始盡革諸祀專祀孔子而謚則魯哀公
之誄曰尼父始漢元始辛酉詔謚褒成宣尼公又爲
孔廟制典謚宣之始北魏太和壬申改謚文聖尼父
隋文帝贈先師尼父唐貞觀戊子尊爲先聖丁酉尊
爲宣父顯慶丁巳復爲先聖開元己卯追謚文宣王

宋大中祥符戊申加稱至聖元至大戊申加號曰大成至聖文宣王明嘉靖庚寅從大學士張璁請改稱至聖先師孔子而謚始定其避聖諱也向特讀如某音或作古體丘字　國朝雍正乙巳奉

詔除四書外遇此字並加阝爲邱讀作期音以昭尊崇曠古未有也塑像始於漢而見於元魏興和甲子兗州刺史李仲璇修建碑記明宋濂孔子廟堂議謂因唐開元庚申制按開元庚申特用國子司業李元瓘請改顏子等十哲立像爲坐像塑曾參像坐十哲次圖畫七十弟子及何休等二十二賢於廟壁金明昌

辛亥易兩廡羣弟子及先儒畫像爲塑像明洪武壬
戌南京太學成去像設木主正統戊辰命中外學宮
悉改元時所塑孔子像之爲左衽者天順丁丑范金
飾銅祀文淵閣閣臣每入必先行四拜禮壬午知蘇
州府林鶚撤郡學宮像並從祀諸賢皆爲木主嘉靖
庚寅通撤天下學宮像祀以木主從張璁請實本先
賢朱熹議也衣以王者袞冕之服始唐開元己卯宋
大中祥符己酉加冕服桓圭從上公制冕九旒服九
章崇寧乙酉用王者制冕十二旒袞服九章大觀庚
寅改鎮圭金大定甲午改用冠十二旒服十二章祀

以六代之樂始漢元和丙寅宋元嘉乙酉舞用六佾樂用軒縣唐開元己卯樂用宮縣舞用六佾宋則惟用判縣太祖用永安之樂仁宗用登歌明洪武乙丑命儒臣更製樂章迎神奏咸和奠帛奏迎和初獻奏安和亞獻終獻奏景和徹饌送神奏咸和命製大成樂器頒天下樂宮舞用六佾成化丁酉增用八佾嘉靖己亥仍用六佾　國朝因之其樂迎神曰咸平初獻曰甯平亞獻曰安平三獻曰景平徹饌送神望燎曰咸平樂章俱仝亦七奏惟多望燎少奠帛耳十籩十豆自宋徽宗始明初國子監用籩豆各十天下府

州縣各入成化丁酉加籩豆各十二外府州縣各十嘉靖庚寅仍照洪武初制　國朝仍照成化丁酉制廟門立戟始宋建隆壬戌止十六大觀庚寅增二十四明制撤戟更大成門曰廟門改文宣王廟曰大成殿者始宋崇寧乙酉改先師廟曰文廟者明嘉靖庚寅也門曰欞星釋義謂取疏通意四川通志載元元貞初解縉職教成都於綿州學瓦礫中得宋修學故碑云古營造法式以上天帝座前三星曰靈星王者之居象之孔子爲萬世絕尊用天子禮樂故名作欞星或作淩霄者並誤是亦一說也禁婦女合雜巫覡

淫祀始北魏延興壬子禁祀釋老宮始明永樂乙酉祀七十二賢始漢永平壬申一本作元和乙酉顏子配享闕里志載始漢高帝丙午金邦柱聖廟徵釋謂始魏正始丙寅曾子並配始唐總章戊辰孟子並配始宋元豐甲子王安石與顏曾孟並配始崇寗甲申□祐辛丑黜去安石從祀以子思從祀始大觀戊子以顏曾思孟並配而升子張於十哲始咸□丁卯加復聖宗聖述聖亞聖公者元至順辛未也七十二賢畫像前設酒脯祭品始後唐長興丁卯弟子追贈始唐總章戊辰而封　公侯伯始開元己巳明嘉靖庚寅

盡去封號改題爾廡孔子弟子爲先賢左邱明下爲
先儒　國朝康熙丙寅
特旨進東廡宋儒張載程頤朱熹並稱先賢穀梁赤至胡
居仁並稱先儒進西廡宋儒周敦頤程顥邵雍並稱
先賢公羊高至薛瑄並稱先儒按諸賢儒之從祀也
左邱明卜子夏公羊高穀梁赤伏勝高堂生戴聖毛
萇孔安國劉向鄭衆杜子春馬融盧植鄭元服虔何
休王肅王弼杜預范甯二十一賢始唐貞觀丁未至
開極開元稱二十二賢而有賈逵逵之祔入莫考自
始也荀況楊雄韓愈始宋元豐戊午周敦頤張載程

顥程頤朱熹始□祐辛丑張栻呂祖謙始景定辛酉邵雍司馬光始咸□丁卯許衡始元皇慶癸丑吳澄始明宣德乙卯胡安國蔡沈眞德秀始正統丁巳楊時始宏治丙辰薛瑄始隆慶辛未王守仁陳獻章胡居仁始萬歷甲甲羅從彥李侗等始萬歷乙未洪武丙子以行人司司副楊砥議罷楊雄進董仲舒而黜里載董仲舒從祀在元至順庚午嘉靖庚寅以張璁議罷申黨公伯寮秦冉顏何荀況戴聖劉向賈逵馬融何休王肅王弼杜預吳澄而進后蒼王通胡瑗歐陽修又改祀林放蘧瑗鄭元盧植鄭衆服虔范甯于

鄉以行人司司正薛侃議進陸九淵崇禎壬午詔升左邱明周敦頤邵雍張載程顥程頤朱熹位七十二子下漢唐諸儒之上進稱先賢　國朝康熙壬辰

詔升朱熹位十哲末丙申

詔范仲淹從祀位司馬光下雍正甲辰

詔廷臣議祔享廟廷諸賢有先罷而宜復者有舊缺而宜增者有當升而祔者乃議復林放蘧瑗鄭康成范甯秦冉顏何六人增祀縣亶牧皮樂正子公都子萬章公孫丑諸葛亮尹焞魏了翁黄榦陳□何基王柏趙復金履祥許謙陳澔羅欽順蔡清陸隴其二十人乾

隆丁巳

詔復祀元儒吳澄戊午

詔升東廡先賢有若配享十哲之次而天下學校通建啟

聖祠祀聖父叔梁紇也始明嘉靖庚寅以顏無繇曾

點孔鯉孟孫激配宋程珦朱松蔡元定從祀萬歷乙

未增祀周輔成 國朝雍正甲辰以張迪祔位周氏

下又追封孔子五代並加王爵改啟聖祠爲崇聖祠

令天下儒學建先賢祠左祀賢牧右祀鄉賢者始明

洪武戊申改稱名宦鄉賢得分祀者成化時特典也

令天下儒學建忠義孝弟祠祀鄉之忠義孝弟者雍

正癸卯

特旨也以太牢祀始漢高帝丙午詔出王家錢給大酒河南尹給牛羊豕各一大司農給米始元嘉壬辰照依社稷出王家穀春秋行禮始建寧己酉

詔郡縣春秋二祀增用太牢始雍正乙巳

詔除荒減費之州縣於存公銀内撥補以足原額務令粢盛豐潔者始雍正癸丑祭丁非其土產得鹿以羊代榛栗等項以所產果品代者始正統丁巳祀以犬特見於漢明帝耳祀辟雍始魏王芳正始辛酉漢以來皆祀闕里也以皇太子釋奠始泰始辛卯有司享薦

始北魏太和壬申遣官釋奠令守令主祭始唐貞觀丁亥武職與祭始康熙庚寅四時之祭始晉泰始丁亥定春秋二仲始隋開皇間月朔行禮始北齊天保庚午朔望焚香始宋□化癸巳詔諸王卿相至郡先廟謁而後從政始漢高帝丙午詔郡長以下詣學行香始明洪武甲子改幸學為詣學以示尊師重道之至意者雍正甲辰

特旨也貢士釋褐謁廟始唐開元戊寅建學始魏黃初辛丑立學致聖裔始宋真宗封孔子後裔為褒成君始漢初元癸酉元始辛酉改封褒成侯唐開元己卯改

封文宣公宋至和乙未改封衍聖公歷代仍之而襲
封五經博士也顔子之裔始嘉靖庚寅曾子之裔始
嘉靖戊戌子思之裔始正德初孟子之裔始景泰壬
申卜商言偃之裔始康熙庚子冉伯牛仲弓冉求宰
予子張有若之裔則雍正甲辰奉
詔增補此聖廟因革之大畧也遊聖人之門宜知始末故
詳考而備志之會稽俞忠孫

忠孝節孝名宦鄉賢四祠

祭儀　歲春秋釋奠禮畢教諭一人公服詣祠致祭是日淸晨廟戶啟祠門拂拭神案執事人入陳羊一豕一籩四豆四鑪一鐙二陳祝文於案左陳壺一爵三帛一香盤一於案右引贊二人引主祭官入詣案前北面立禮生自右奉香盤主祭官三上香訖引贊贊跪三叩興禮生自右授帛主祭官受帛拱舉仍授禮生獻於案上禮生挈壺酌酒實爵自右跪授爵主祭官受爵拱舉仍授禮生興獻於正中讀祝者取祝文跪案左引贊贊跪主祭官跪

讀祝辭曰維某年月日某官某致祭於
忠義孝弟之靈曰惟
靈稟賦貞純躬行篤實忠誠奮發貫金石而不渝
義問宣昭表鄉閭而共式祗事懋彝倫之大性摯
莪蒿克恭念天顯之親性殷棣萼模楷咸推夫懿
德
綸恩特闡其幽光祠宇維隆歲時式祀用陳尊簋來格
几筵尙
饗讀畢以祝文復於案退主祭官俯伏興執事者
酌酒獻於左又酌酒獻於右退引贊贊跪叩興主

祭官跪三叩興執事者以祝帛送燎引贊引主祭

官出執事者徹皆退各祠致祭儀同節孝祠祝曰

維某年月日某官某致祭於

節孝之靈曰惟

靈純心皎潔令德柔嘉矢志完貞全閨中之亮節

竭誠致敬彰閫內之芳型茹冰蘗而彌堅清操自

勵奉盤匜而匪懈篤孝傳徽

綸綍特沛乎殊恩祠宇昭垂於令典祗循歲事式薦馨

醪尚

饗名宦鄉賢二祠祝文所在異辭不悉載

謹案　大清通禮直省府州縣附廟左右各建忠孝節孝名宦鄉賢四祠春秋致祭今錄其儀如右乾隆李志所載祠祀附於丁祭者惟名宦鄉賢孝義三祠道光李志增孝義祠爲忠孝義祠夫孝義名祠未知何據忠孝義三字名祠支離益甚且其所稱義士義民祇是樂善好施一流人亦從無祠祀之例今擬改還忠孝祠補入節孝祠庶於典禮有合特以舊志相沿已久姑仍之以俟知禮者更定焉今錄其祀位如左

祀名宦祠

南齊剡令張公稷

唐浙東觀察使加撿挍右散騎常侍王公式

宋知剡縣贈朝散郎宋公旅

宋知嵊縣擢知台州宋公宗年

宋紹興府司理知嵊縣楊公簡

宋知嵊縣遷通判楊州陳公著

明嵊縣知縣陞廣信府同知吳公三畏

明嵊縣知縣陞順天府推官施公三捷

明嵊縣知縣陞紹興府通判王公志遠

國朝兵部侍郎兼都察院右副都御史巡撫浙江朱

公昌胙

國朝兵部尚書兼都察院右都御史總督浙閩范公

承謨

國朝兵部尚書兼都察院右都御史總督浙閩李公

之芳

國朝提督浙江全省水陸軍務李公塞白

國朝太子太保兵部尚書兼都察院右都御史總督

浙閩李公衛

國朝浙江等處提刑按察使楊公崇仁

祀鄉賢祠

晉右軍將軍會稽内史王公羲之
晉散騎常侍左將軍會稽内史康樂縣公贈車騎
將軍開府儀同三司獻武謝公元
晉處士戴公逵
宋處士戴公顒
梁征東將軍贈侍中中衛將軍開府儀同三司忠
貞張公嵊
梁吏部尚書漢昌侯朱公士明
宋寶文閣待制國子祭酒姚公勔
宋嶶猷閣待制贈太師文安縣開國男姚公舜明

宋淮南安撫使呂公祖璟

宋尚書户部員外郎樞密院編修官姚公寬

宋參知政事端明殿學士姚公憲

宋太學國子錄許公橐

宋定城尉贈通直郎張公愗

宋保德州知州周公山

明布衣張公爃

明贈兵部尚書喻公袞

明湖廣興寧縣知縣贈兵部尚書喻公思化

明靜海縣訓導贈光祿寺卿周公謨

明封奉直大夫王公尙德

明工部尙書周公汝登

明雷州府同知王公應昌

明兵部尙書兼右副都御史總制薊遼喻公安性

祀忠孝義祠

明昌平州知州贈光祿寺丞謚忠襄　國朝

賜謚節愍王公禹佐

明眞定游擊贈都督僉事　國朝

賜謚烈愍童公維坤

明昌平州殉難王節愍公子國宜

明孝子王公瓊

明孝子喻公祿孫

明馬公德忠稱義民道光志

國朝馬公驊稱義士道光志

國朝史公孝本稱義士道光志

國朝孝子裘公兆彪

鄉飲酒禮謹遵大清通禮及學政全書

賓介　歲孟春望日孟冬朔日舉鄉飲酒之禮於學宮縣以知縣爲主以鄉之年高六十以上有德行者一人爲賓其次一人爲介又其次爲衆賓司正以教職爲之主揚觶以罰失儀者以弟子員習禮者二人司爵二人贊禮二人引禮一人讀律令僚佐皆與

席次　先一日司正率執事者詣講堂肄儀設監禮席次於庭東北向布賓席於堂西北南向主人席於東南西向介席於西南東向衆賓之長三人席

於賓西南向東上皆專席不屬衆賓席於西序東
向僚佐席於東序西向皆北上司正席於主人之
東北向設律令案一於主介間正中東西肆又設
尊案一於東序端南北肆設樂懸於西階下

儀注　至日黎明執事者宰牲具饌主人及僚屬司
正先詣學遣人速賓僎以下賓至主人率僚屬出
迎於庠門之外揖入主居東賓居西三揖三讓而
後升堂東西相向立贊兩拜賓坐僎至主人又率
僚屬出迎揖讓升堂拜坐如前儀賓僎介至既就
位執事者贊司正揚觶引司正由西階升詣堂中

北向立執事者贊賓僎以下皆立贊揖司正揖賓
僎以下皆揖執事者以觶酌酒授司正司正舉酒
曰恭惟　朝廷率由舊章敦崇禮教舉行鄉飲非
爲飲食凡我長幼各相勸勉爲臣盡忠爲子盡孝
長幼有序兄友弟恭內睦宗族外和鄉里無或廢
墜以忝所生讀畢執事者贊司正飲酒飲畢以觶
授執事執事者贊揖司正揖賓僎以下皆揖司正
復位賓僎以下皆坐贊讀律令執事者舉律令案
於堂之中引讀律令者詣案前北面立贊賓僎以
下皆立行揖禮如前讀畢復位執事者贊供饌案

執事者舉饌案至賓前次僎次介次主三賓以下各以次舉訖執事者贊獻賓主起席北面立執事者酌酒以授主主受爵詣賓前置於席稍退贊兩拜賓答拜訖執事者又酌酒以授主主受爵詣僎前置於席交拜如前儀畢主退復位執事者贊賓酬酒賓起僎從執事者酌酒授賓賓受爵詣主前置於席稍退贊兩拜賓僎主交拜訖各就位坐執事者分左右立以次酌酒獻三賓衆賓徧賓主以下酒三行供羹執事者以次酌酒飲酒供饌三品畢執事者贊徹饌候徹饌案訖贊賓僎以下皆行

禮僎主僚屬居東賓介三賓衆賓居西贊兩拜訖

贊送賓以次下堂分東西行仍三揖出庠門而退

律令　讀律令曰律令凡鄉飲酒序長幼論賢良高年有德者居上其次序齒列坐有過犯者不得干豫違者罪以違制失儀則揚觶者以禮責之

樂章　酒數行工升歌周詩鹿鳴之章卒歌笙奏

御製補南陔詩辭曰我逝南陔言陟其岵眷我行役瞻望有父欲養無有風木何補我逝南陔言陟其屺今我行役瞻望有母母也倚廬歸則甯止南陔有筍籜實勹之孱孱孩提孰噢咻之慎爾溫清潔爾旨

肴今爾不養日月其惛間歌周詩魚麗之章笙奏
御製補由庚詩辭曰由庚便便東西朔南六符調燮八風
節宣王庚容容朔南西東維敬與勤百王道同王
庚廓廓東西南朔先憂而憂後樂而樂王庚愜愜
南朔東西皇極既建惟德之依乃合樂歌周詩關
雎之章卒歌工告備出執事者行酒主賓以下飲
無算爵

嵊縣志卷六

書院

剡山書院 道光李志 在縣學儒星門右 國朝乾隆五十八年監生支本貢生支金新建義學試廠其五十餘楹支金復捐歲修田二十餘畝知縣郭文誌周丕倡率成之道光六年支金派下後輝後生二房於川堂頭屋後添建屋十三楹舊有義學田二百九十畝七分零塘二畝七分零地十畝四分山十九畝三分零雍正間邑令宋敦與紳士喻學紛宋亦郯等倡捐每年收繳租銀以爲延師脩

脯之費今併歸入書院焉

知縣周鎬記畧古者國學鄉學統謂之學自唐
創麗正書院代有增置盛於宋理宗朝元時凡先
儒名賢舊蹟並立爲書院而好義之家又給錢米
以贍學者後世書院有田蓋昉諸此嵊故有書院
辟在城東北隅支君金偕其兄本承乃父志籲大
吏願輸財移建斯地署曰剡山書院規畫如制既
固既完復恐棟宇經久雨虐風饕弗葺且壞用割
膏腴二十餘畝稽其所入供歲時塈茨丹雘之費
適余權邑篆乞記於余余惟國家造士宜聚不宜
散易垂講習禮重觀摩尚矣近世家自爲塾而鄉
里之爲人師者各行其教言人人殊是孤陋也書
院設而家塾得其總匯鄉學之遺制於是乎在多
士萃業樂羣循進大成則俊造出其中并收國學
論秀之效諸生勉乎哉昔考周氏有蘭馨之館海
門有事斯之堂嘗訪求其址輒爲茂草而其初未
始不風流輝映聲稱藉如也得田以永之甯有是
歟是舉也余可謂創而善繼余束髮時肄業吾邑
東林書院習聞八君子之遺風講學有規海內仰
其功端在身心倫紀之間夫本前型以勵後學有

司責也爰揭支二君捐田之義書之於石而勒其畝數於碑陰

新纂 道光二十五年輝生二房東西分修置桌凳石足支本派下俊卿房捐蕆修田十餘畝咸豐辛酉粤匪竄入盡圮同治二年輝生二房分派重修約費千金五年輝房經修費數百金

二戴書院　周志在縣北一里故戴逵及其子顒讀書所元元貞二年浙東僉事完顏眞尹余洪建院以祀集諸生肄業其間至正五年令冷瓚重修杜春生越中金石記儒學教導崔存爲文至正甲申秋進上膠東冷瓚來尹于嵊政尚平易民恬士熙越明年既修縣庠顧二戴書院在縣北一里撓棟剽瓦莫可枝梧侯曰均之爲學舍也興舉之職其

可以隸府而設諸復課治之適詢學院之創僉謂
以載顯慕在宋紹興寶祐間縣令范仲將史安之
何夢祥相繼作亭歲時展事參政四明樓公鑰書
本傳立石其上國朝前至元庚辰縣丞汪庭改載
溪亭爲雪溪精舍買田八十畝奇以贍時未置書
院也元貞丙申浙東憲僉完顏公貞行部目以載
氏父子深於經學事聞省部列于學官額以今名
以邑士之登干籍者充弟子員用米平糴倉皿六
百畝奇歲入羨相五十餘石以贍廩稍廟學之設
垂五十年矣敝宜也今侯既以職在興舉修治爲
役敢不自效侯適度土木陶冶之用計工徒庸僦
之直以多士之產畝輸一錢而足焉上心攸附共
趨事功掄材堅良不慾于素由是重覆禮殿作新
兩廡祠宇既易陶甓密比牆堵外周丹堊炳煥山
長巴西周宗元董其治始於至正五年四月畢工
於其年之十有一月適監邑也速迭兒侯至克相
落成士之輸財者知薄而不知勞工之善事者稱
若庸而畢若力喙之人上以書院創始迨今未有
記之者且欲紀侯之績俾以本末而來第之僉請
史志嗣字仲若父達字安道世譙人而居下之剡嵊

匭當也歷晉而宋著書立言有禮記中庸篇及五
經大義月令章句其間學理義之歸擺脫淸談之
習謂深經學者是已千載之下饗祀夫子之宫
有以也夫自侯之爲是役也士習之因循者由以
與前人之崇尚者有以繼豈直修士木詩觀美哉
將使居是學而讀其書於隱而知顯之理於藏而
知行之具不惑乎晉人之高潔而一遵乎聖人之
中正是侯興學之政而所以爲教也若遯焉而釣
聲名仕焉而溺利欲豈所願於多士
哉 一作餘姚州同知宇文公諒記 二十年燬於
兵二十四年守帥周紹祖重建 夏志邑人許汝霖記 皇元混一區宇
謂聖賢之道足以隆化基也郡縣既皆有學又徵
昔賢遺蹟倣前代書院成規得以始事而創置焉
百年以來遐陬僻壤騷騷乎黨庠術序之盛自海
內驛騷學院多罹兵變二戴書院在縣北一里余
間過其所未嘗不踟躕浩歎昔之隆然起者將何
日復見乎至正二十四年夏嵊士董時亮彙辭來
曰二戴書院創建巔末子固知之詳矣詎今僅七
十載不意一旦之圮於兵也三數年間守土者居

不煗席安愉敎養前年冬濮陽周君紹祖以僉湖
東元帥來鎮茲土下車即進士類謀所以輯民者
未幾邊壘少警農漸復業君屬邑官曰當茲用武
之日未能遽興文事而聖賢妥靈之地寧誘弗祗
然民力未可用稟資空匱計將安出宜姑起廢以
倡後人於是旣嘗學宫即考院田遡人捐已俸爲
助士以材木輸者聽之首作禮殿東西兩夾室中
像聖容及四侑又東爲二戴祠四楹外儀門三間
繚以周垣傍爲守舍君曰妥[illegible][illegible]所矣繕吉日釋
菜奠幣如式夫元帥責在邊備迺移心至此請書
以刻石垂示將來余聞有天下者不可一日無聖
賢之敎學校者所以尊崇聖賢人綱人紀之所係
維持世道之大具也奈兵興以來宫牆化爲榛荆
通都名城藩臣鎮將有不知所重者不知天理民
彝不可遷忘世之擾攘至於此極政以本根之地
失所養耳用武力而不反其本將何以靖天下之
多故哉今周君於窮山之陬擐甲冑以問俎豆其
所見必有過於人者此則剡上之所願記也乎況
三戴當晉室不競之日繼世嘉遯兆域所在歷千
百年人猶表敬而護存之我朝又以其炳靈祠於

聖人之宮不惟高屋峻節有足感動乎人亦其學術之懿出處去就之宜有關於世教者蓋愈遠而彌彰也七十年來暫圮遽起自茲以往必有恢復其舊者矣此又剡士之所宜記也余之無似將與同邑之士求前人遺蹤以進乎聖賢之學或出或處不失其當然以俟大運世道之復其尚有在於斯乎君字繼先嘗領錢清作劉寵廟人稱　後復燬之其來嵊多美績非學校所係不復書

明成化十年知縣許岳英重建春秋祀焉今廢邑訓導王洪記爲之辭曰鳳凰遠舉兮遺殼雛羽儀文采兮能相符和鳴應瑞兮協禮圖鳳窠零落兮將何如荆榛莽蒼兮爲芟除美哉輪奐兮屋渠渠功與金石兮同永居載歌此詞兮酌獻餘淩風隱隱兮迴飈車

輔仁書院李府志作大仁寺義學道光志在縣西三十六都大仁寺東　國朝乾隆五十三年知縣唐仁埴詳請

於寺東空基倡建講堂書舍共四十楹并撥寺田一百畝以爲延師脩脯之資又撥田八十畝分給闔邑鄉會試路費知縣唐仁埴碑記原夫聖人以神道設教周禮以鄉物教民道固並行學尤先務此大仁寺東建造義學不容緩也以彼有餘爲患多藏厚亡始以蠅營狗苟之奸終以雀角鼠牙之訟遂使殘碑斷碣都歸無何有之鄉以致衆議羣呼咸有末如何之嘆人者過也受之坎否則宜傾神而明之存乎人損原可酌於是撥田百畝建學一區公助者還以辦公庶儒生之有藉衆輸者因而濟衆知佛法之無邊吾欲云云僉稱唯唯爰與同堵先爲三楹土宜既度諸地師材用復謀之梓匠雖曰美輪美奐斯焉取斯亦云苟合苟完小以成小余也祿捐升斗慮孤掌之難鳴事異尋常冀衆擎之易舉敦善不怠見義必爲豈十室無忠信之人知千里有應求之士捐金而富應不減好傾囊篋之藏輸力即貧亦何傷或獻班倕之技此際經營不日全資鄙遂鄉都他時

桃李成陰長庇里閭族黨擔簦負笈皆春秋同社之兒童入室升堂卽風雨對牀之兄弟物華旣煥乎天寶人傑且鍾於地靈將見履上星辰筆補造化文武之道在方策學而知之孝悌之至通神明禱之久矣此與佛門施布功德孰多且以官法維持永遠可守需於泥而寇至自昔鮮敬愼之圖莫而當者悔亡卽今煥文明之象此道之關乎消長卽事之宜於更張可不躍躍樂從而輸將恐後也哉董事商羽豐宋家震陳宗位商從芳沈政禮黃元才張金璧商克醞王名立王權達錢運張銘王英祥

咸豐甲寅邑孝廉錢錦山等重修菊泉王錫齡記

吾鄉輔仁書院創自乾隆戊申年邑宰唐公以諸僧之多藏厚亡也崇儒黜佛割寺田爲書院延師課讀法至良意至美焉然自戊申以迄於今又多歷年所矣前孝廉錢君蓮峯先生曾主書院講席閒時過訪棟宇之毀頹宫牆之卑隘嘗指以相示焉顧院與寺鄰吾鄉善禱佛凡募修寺院殷勤樂輸至於書院廢興則以爲學士文人之責也先生有會於斯遂邀各都紳士以修寺倡捐得錢若干千擇日鳩

工部以其餘議修書院經數寒暑而工告竣其修寺也爲寺也非爲書院也其先修寺而後書院也爲寺實爲書院也先生之心猶唐公之心蓋事在彼而意在此也夫古者學校之制有國學有鄉學欲興天下之文教則必自一國始欲興一國之文教則必自一鄉一邑始蘇氏宜黃縣學記曰自家以至於天子之國皆有學先生此舉其有關乎鄉學之興廢也豈淺鮮哉他日三都人士肄業其中沐書院之化雨春風人文蔚起以上副我

國家樂育人才之意則繼此而續修者當必更有人矣爰溯巔末以誌於右云咸豐四年歲次甲寅十一月日

陽山書院【新纂】在縣西六十五里太平鄉石下陽山監生邢啟强妻錢氏建爲太平長樂兩鄉義塾玉山周煒記畧太學生邢啟强常欲爲太平長樂兩鄉義塾未及舉而卒時長男匡儒已先亡次匡國甫四歲女尙幼妹未笄妻錢氏憶夫遺命建義塾於陽山之下塾分三進中爲講堂後爲樓以主魁

宿文昌之祀前爲門閣左右廂有堂有小廳四圍繚以垣以程計者四十餘塾中器用咸備計費三千餘金撥田百畝爲塾師修脯資内三十畝爲其女尚妹所捨又田二十畝以其半祀神半爲脩葺資經始道光癸巳三月成於乙未之冬綜其成者氏弟物華也邑侯湯公上其事大憲題咨以邢氏嘉惠士林許建坊旌表敵强贈徵仕郎子匡國議敘州判女尚妹以貞孝旌故長男匡儒妻周氏以節孝旌會稽潘諮記見文翰塾右爲邢敵强夫婦及其父母并女尚妹瑩域歲以祀文昌日祀之

蕺湖書院 周志 在北門内桃源坊嘉靖三十三年提學副使阮鶚檄知縣吳三畏爲楊簡立祠號慈湖宋時爲嵊令

鹿山書院 周志 在城内鹿山之椒隆慶丁卯邑諸生袁日新袁日化丁則綬周汝登宋應光趙志伊

張希秩袁日靖爲鹿山八士文行合一之會繼而王應昌李春榮等與焉萬歷十五年積貲創建以待邑之凡有志於學者知縣萬民紀捐俸助成并顏其額今廢

宗傳書院 李志 在鹿山書院前萬歷二十九年周汝登建凡十五間又構海雲菴於左稱海門書院門人余懋華令山陰顏曰宗傳會稽陶望齡額曰事斯崇禎二年海門卒八年豫章文德翼行部至剡集諸生發明海門證學之旨有語錄及倡和詩
國朝康熙三年門人吳天墉孫周捷重建後圯

乾隆四年裔孫某弁其地出售六年知縣李以琰
捐俸贖之將復還舊制云

艇湖書院【張志】在東隅萬歷壬午邑人王嘉相建

長春書院【張志】在北門外邑州倅尹如度建周光臨記

鹿鳴書院【李志】在城隍嶺下邑貢士喻恭復建知
縣張泌率士會課其中今廢

義塾

東林義塾【道光志】在縣東十六都東林莊國朝
乾隆初年王氏以莊塋餘貲創造前爲奎星閣中
爲講堂後爲書樓左右兩廂稱之壽圮惟奎星閣

及講堂楹柱猶存嘉慶甲戌貢生王啟豐葺而新之道光四年復以書樓故址建爲禮殿左右皆易爲樓共二十餘間增置田畝以爲延師修膳之費

金庭義塾［乾隆志］在孝嘉鄉宋王愷建置義田三百畝後廢明裔孫王文高復田百畝又廢七世孫王應昌捐復顏曰心傳書院鼎革又荒廢過半子心一捐田五十畝改建於卧猊山麓正屋三楹奉先聖先賢及宋元明大儒側有養正堂凝道堂悠然軒躬訓族姓及來學之貧者晨習禮暮詠詩朔望課功南明學者咸集焉［新纂］道光二十一年

移建村外義供坂聖殿三楹講堂三楹左右書樓共二十楹延師課讀歲以爲常

蒼崖義塾　新纂　在縣南二十五里禮義鄉舊有蒼崖草堂俞昂讀書處　國朝道光己丑職員俞存齊等捐建并置延師課士膏火田數十畝

愛吾廬書塾　道光志　在縣西太平鄉　國朝乾隆間監生邢知甫築長子樹郡庠生次子照戊辰舉人延師會友遠近就學者衆自嘉慶甲子後在塾登第者十餘人文風爲之一振中有花蹊竹所桐徑菘畦漱玉廊拱翠軒鸜鵒林芙蓉池養蒻泉抉

雲閣名人題詠甚多

錦水義塾【道光志】在縣西六十里太平鄉 國朝乾隆三十六年貢生劉純倡議捐造講堂三楹其右爲文武二帝殿三楹南爲奎星閣三楹兩廂各五楹臺門三楹至嘉慶十四年勢將傾圮應紹濂郭萬年邢秉謙等復議重修合祀文武二帝奎星於一閣【新纂】咸豐二年舉人邢復旦議增學田將萬寶堤外沙地呈請邑候放公充入義塾與貢生劉炳輝等十八人各醵貲墾田肆拾畝零以爲三十八九兩都延師脩脯之資

崇文閣義塾〔新纂〕在太平鄉鄉主廟後　國朝同治六年劉炳輝倡議合鄉捐建閣三層上祀奎星中祀文武帝下爲講堂左右廊廡二十間爲肄業所歲收會息以資脩脯東夾室爲客廳西達味根園閣後建倉帝祠惜字爐

鹿門義塾〔道光志〕在貴門山宋呂規叔建鑿山疊石結構三十餘楹朱晦菴呂東萊相繼講學於此後圮　國朝嘉慶間呂氏重建

綠筠書屋〔新纂〕在縣西開元莊康熙丙寅周瑞卿建結構幽雅環植脩竹延請名師就學者衆後圮

道光庚寅派孫重修

福林義塾　新纂在縣西三十都富順莊道光間里人黄永修等以廢菴改建并福壽福坑翠雲三廢菴田地共四十四畝改爲延師課讀之資

永福義塾　道光志在縣西二十五里孫郁莊　國朝乾隆三十九年里人金尙轅建置有田畝延師課誦

觀瀾書屋　道光志在縣西十五里孟愛莊舊係鎮福菴張謙翁錢天亨二姓合建置田十六畝零國朝道光七年住僧爭訟不休邑主李式圃斷令

作兩姓義塾

沈景三義塾（新纂）在縣北沈塘莊本沈柏四法會菴有田二十四畝同治七年柏四五派孫願作義塾酉香田四畝

芝山書塾（新纂）在縣北二十一都同治九年卽龍宮寺空基唐李紳讀書處改建以地在靈芝之鄉顏曰芝山并詳撥寺田地山一百四十七畝充書塾經費邑令嚴思忠陳仲麟先後成之復撥本都金峯菴田三十七畝詳充入塾

淵源堂義塾（夏志）在縣東曦門外宋邑人周瑜建製先聖十哲坐像列畫七十二子闢富學輝聲集

彥擢秀恢義五齋别有細論堂藴秀軒同襟館蘭馨室永嘉王十朋記見文翰志〔李志〕時王十朋居師席遠近從遊者甚衆周氏一門登第七八

姚氏義塾〔周志〕宋晉溪姚景崇建景崇字唐英號白愛翁晉溪人

宋開慶元年資政殿大學士徐清叟記白愛翁叙書塾一區於所居之傍延聘儒碩以陶淑四方俊乂負怪石倚喬林天光互照眞絶境也詳塾之制建聖殿於中素王之像儼然垂衣後曰自愛又其後曰書室棲賢列其左迎賓居其右如舒而翼如拱而立名扁秩然比位署之正者也堂之前翼以數楹乃會膳之所堂之後各數十楹乃肆業棲息之地義井可汲也靈源可濯也環以門牆羅以花木與俯跪起之容吾伊絃歌之韻激拂於耳目第覺春風浛於宮牆而物爲之不變初不悟其爲何地也夫塾所以寓教也教所以爲道也苟於是有見奚啻珍羞翁獨見而獨愛之獨愛之而不能推

之又豈忠恕之道翁之是舉果能俾斯士成厥德造以廣是心若修撰葉公非明驗歟余恒憾弗獲早登翁塾徒抱棄德之慚姑述以爲吾道淵源賀○葉公相傳爲胥海名應鼎者幼在景崇義塾中若景崇所謂富而好義者非與

經訓堂書塾（道光李志）明鄭邦賢建（夏志）永樂二十年三山邱鄺記經訓堂者鄭公邦賢訓廸子孫讀書所也邦賢爲嵊邑望族留心經史世之宿儒者也家世居邑之長橋本支蕃衍雖有芳池華閫未嘗肆逆其間獨構一堂左圖右史敎廸若子若孫讀書問學於其間扁曰經訓取古人經訓乃菑畬之義一日孫貞請記於予得非遵祖訓心聖賢之心乎且從容進而言曰昔京房溺於名數世豈復有易孔鄭專於訓詁世豈復有詩書董仲舒休於災異世豈復有春秋禮彙至於大小戴所記世豈復有全禮樂哉今吾祖以經訓名扁示子孫之意厚矣先生吾師也願得一言以教之因不讓乃爲之曰人生而蒙教以施之性與習移教以復之甚矣不可以

一出而無教不可以一日而無學學先王之教舍六經之訓何以哉六經本以載道而作垂於天下傳之後世聖人精神心術寓焉然而六經筆吾心所具之理理雖本具於人心而私欲害之蓋有不得其正者宜乎邦賢以是名堂而教子孫矣若夫潔淨精微易之教也以是爲訓欲其知陰陽運靜之機進退存亡之道焉疏通知遠書之教也以是爲訓欲其知典謨訓誥之文脩齊治平之理焉溫柔敦厚得非詩之教乎以是爲訓欲其知情性邪正之說關雎騶虞之化也屬辭比事春秋教也以是爲訓欲其知是非褒貶之義貴王賤霸之旨也恭儉莊敬非禮之教乎廣博易良非樂之教乎以是爲訓欲其知辨上下和人心安上治民移風易俗之謂也雖有六者之訓不同無非使之以復其本心之正矣邦賢延師立教如此可謂善教子孫者也爲子孫者當若何而善學耶必也進德脩業孜孜不倦冀成德之易易矣雖然窮經將以致用苟用心於經史而弗思出用於明時則經爲空言奚可哉今鄭氏子孫作誦息思惟務先王之教豈不成其志之大者乎詩云貽厥孫謀以燕翼子鄭

公具有之又云夙興夜寐無忝爾所生鄭氏子孫勗之哉他日拾青紫上金門高大其門閭不惟經訓爲足徵庶幾不負父祖嚴訓之盛心也然經訓之義予固畧舉其槩而探賾之士必有爲之賦者矣是爲記

社學 李志 明洪武八年奉制立坊都凡六所後圮成化間知縣許岳英建今莫考 國朝順治九年令每鄉各置社學一區雍正元年令州縣於大鄉巨堡置社學一區於生員中擇其學優行端者補充社師

小學 乾隆志 在城隍廟西祀朱文公崇正十一年知縣劉永祚建延布衣尹志賓張仲遐爲師

義學【李志】康熙六十年知縣宋斆設於鹿山文昌祠內翰林院檢討壽致潤碑記化民成俗其必由學而歐陽公亦曰學校王政之本也故自宋以後大儒文集於郡縣學記靡不津津言之然令甲所載爲之補殘修缺當事之才優而力贍者尚能及之至若無關考成而非功令之必不可缺者自非識大體崇雅化鮮不置若罔聞此吾於嵊邑宋使君義學之設不覺喟然感發也嵊界越之東南故剡中地其巖壑秀流鍾爲人物代多英奇磊落之士而有明之末周海門喻養初諸公理學風節文章政事尤彪炳可觀比來稍似寂寥豈盈虛消息氣運固然抑亦風厲之意或微而興起之會有待也使使君三吳望族故相國文恪公從孫分守兗東副憲南郡先生之冢君也脈胎前光蚤蜚英譽妙年綰組冰蘗自矢而才猷敏練如出匣干將泣嵊未幾百廢具舉會歲祲捐輸勸募平糶煮賑極焦勞補救之計嵊民不墮於溝壑而四境晏如者維使君是賴既已家頌戶祝矣顧使君以詩書傳緒於名教典禮膠庠文物悶尤惓惓注意謂譽

毖斯士非盡黌序所能容也乃就鹿山文昌祠設爲義學延明經宋諱奭者爲之師日有課月有會使君特臨涖而董率之執經就業者踵相接顧師生晨夕膏火之需取給清俸慮難垂久更購膳田并以入官産益之合計共若干畆使君德意既懇款周詳邑中文學喻子學銘宋子亦郊皆服古好義之士相與宣導致澤左右贊理義學規模因以大備走使屬予一言記之予邑與嵊接壤歲庚子使君來視邑篆郎以治嵊者治之未期月而士習民風翕然丕變予不敏舊備員史館方擬吮毫儒墨紀循良傳不朽今得於嵊之義塾供文字之役敢以蕪陋辭乎爰走筆識使君教思之無窮將見漸陶涵育後英輩出嵊邑人才之盛當視昔有加也使君名敦字惟典江南蘇州府長洲縣人由歲進士出宰其田之畝則地號租稅別有記

知縣宋敦碑記余不敏承乏嵊邑與多士晉接皆質良材美所欠者或在遂密沉潛郎廣文先生非不加意作人或以師嚴道尊難於晨夕叩請學故有文昌祠在鹿胎山巔因於辛丑歲郎其地開設義塾俾士子共肄業於中易所謂朋友講習也且

密邇黌宮多士以講習所得進而質諸掌教兩師亦殊便則此地不特爲庠士藏修游息之所而儒童之勵志者亦附焉但羣聚而莫爲之統則講膏火無資將不久而旋廢因倣古書院山長遺意延宋明經牧伯司其事又爲置撥田畝歲辦糧役外所入亦差可給朝夕比年來塾中規畫粗已具備紳士中喻子廷璧宋子雅侯左右之力爲多二子囑余以額用畝則勒於石因識其建置始末如此

剡溪義學　李志　在東門內聯桂坊　國朝乾隆四年知縣楊玉生倡捐紳士協力落成計中廳三間後樓六間門樓三間楊記石坊一座則宋尹氏偕子璿祭捐地建也

知縣楊玉生建義塾碑記自夫以貫萬尼山之統緒攸傳博文約禮泗水之宗風特啟祖爲作而孫爲述明道之大原出於天彼也沒而制也生守道之大閑維乎世韓退之衰起八代言追周誥殷盤朱晦翁成集諸儒源溯金聲玉振此敎則闡其性命而學必究其

稱微者也哉

國家建學明倫崇宇宙之衣冠而文風丕盛浙東西膽蛟起鳳孕山川之秀異而鼎甲全登嵊之爲邑也百里鍾靈歷代美斯文之煥千巖競秀羣賢有畢至之符譙郡名流攜琴書而假寓瑯琊舊族借子弟以浮江經學潛脩二戴同輝日麗書樓聳峙千峯共被雲遮謝車騎歸老桐亭欽經濟之才於巖谷王子猷操舟雪夜標清絕之韻於人間此皆學貫古今而教垂奕葉者也書院之設蕺湖而後時時奉教先生長春以還處處能文弟子會講者同時八士無非關閩濂洛之干城登第者一姓七人總是月露風雲之手筆科甲連鑣直上上競雕龍師弟一榜齊飛才爭倚馬海門先生以嶽峙淵渟之偉抱紹明心見性之正傳立朝而愷切敷陳不減宣公奏議退處而從容化導何輸馬帳笙歌堂號事斯講業者何必盡聞一知十門墻立雪味道者又何妨人十己千此教必得其人而學乃詣其極者也至學以義名來不拒往不追體大聖無私之至意而制因時創規乎前遺乎後範小子有造之成材宋令昔年曾延師而訓課剡田撥後待卜

地以棲遲予也製錦才疏甫親民任教化之責成尋願逹肯築室貽道旁之議倡捐而闔邑向輸契價而購居一宅高樓風靜儻堪披卷長吟平閣臨開廠足揮毫濡墨加以慷慨尚義無煩布地之金長廣捐基絶勝捨閭之寺門開而小可立見從茲入室升堂橋設而徑可徐過不致歧趍異路森若參天之木長柯願肖拏雲猗歟聯桂之坊修脊爭持斫月曲江宴罷承恩陪玉筍之班清禁宵深召對賜金蓮之炬冏其宜矣竊有望焉今與教者約剖危言晳疑義傳聖道日以光昌也屏曲說汰支詞使制藝歸於醇正也不憤不啓以俟其候不非不發以迎其機此未反三隅而無然躐等也今與學者約居仁由義先行訓而後文章也考史證經勿虛浮而馳聲譽也灑掃應對習其事詩書禮樂咀其華此本末無乖而區分一定也今與董事諸君約風雨鳥鼠易以爲災也修葺補苴易以爲力也敝爲而勿之問危焉而勿之扶此終事不勤而前功可惜也今更與後至賢侯約倡教立化非一八一巳之私也撤舊更新非一時一日之事也毋任荆榛之委恒生棟宇之輝此砥學海之津梁而

翼賢關之門戶也嗟乎嵊之書院屢矣或以姓傳或以字繫或取義以自顏或襃德以羣推皆已成草蔓煙荒誰復問桃源洞口尋之以剡溪名者蓋以剡溪之書院付之剡溪人士而已無與焉天下無不自愛其鼎者而驪龍又孰不自護其珠也哉

學田

李志明隆萬間置田地山塘租入解縣以濟貧生萬歷二十五年增置田地山塘則移學爲課士資舊志鈌載增置者今並列入幷附義學田庶使後有所考云

賑給貧生田每歲各佃其納租銀一十兩七錢九分五釐解司轉解學院賑給貧生膏火

五十四都度出爲田一十二畝二分地二百六十

七畝九分二釐二毫山一百三十七畝九分六釐九毫俱坐一圖塘一百一十畝六分八釐四毫坐二圖隆慶四年知縣薛周置

十九二十都田六畝二分嘉靖四十年生員尹紹元以易官山者土名小塘址坐八里洋坂

三十都田十畝隆慶元年義民鄭廷諧捐

三十六都田三畝二分二釐坐後岸坂歲字二百八十四號

四十九都田四畝七分九釐一毫來字一百四十三號一二百一十九號地三畝二分六釐八毫義民魏國濟捐

四十六都田九畝八分義民王世儼捐

十六都田八畝三分六釐五毫一陳家塢八十一號一風簾坂三號一六號一九號一十號一十一號十二號一十三號民王孫討王積寶唐生告爭入官者知縣姜克昌置明趙錦記見文翰志

五十三都田二十四畝八分七釐七毫二圖東山坂一談字九十六號一八十一號幷三十二號一湖塍坂二百五十三號一董姑坂一百四十四號起至一百五十一號止凡八號無號田四畝九分二釐五毫坐吳塍坂四坵吳尙春告爭入官者

三都地七畝二圖凡二坵湯希文入官者

五十三都田一畝三分五釐坐董姑坂吳中貴入官者

以上共計田八十四畝一分七釐一毫計地二百七十八畝一分九釐計山一百八十七畝九分六釐九毫計塘一百十畝六分八釐四毫今均無著

課士費田萬歷二十五年知縣王學夔度鹿苑廢弛寺田移籍學宫每歲額租田二十四兩有奇山地塘四錢有奇今田租止一十八兩九錢零地租一錢山久荒無租周汝登記見文翰志

寺前坂田三十六畝三分零二毫山五畝五分地九分九釐八毫

苦竹上坂田二十五畝塘六分

苦竹後坂田三畝七分

蓮塘西坂田二十畝三分二釐三毫
苦石東坂田十畝零一分八釐四毫
寺西圓坂田一畝六分四釐七毫山三畝三分
周邨西坂田一畝三分八釐二毫
周邨下坂田一畝零一釐
剡山書院田地山塘
西一圖剡溪義學戶
吳家洋上坂一田九畝四分九釐三毫四田六畝
二分七釐塘一畝五釐
吳家洋下坂四田四畝六分六釐一毫塘一畝五

分

广坑坂一田六畝九分八毫塘一分

上下坂一田三畝二釐

了溪下洋坂由一田一畝五分

瓦窰坂一田二畝四分五釐四毫由四田一畝三分五釐六毫

杜城岸坂四田四十四畝二分六釐八毫山十二畝九分九釐八毫地十三畝四分三釐五毫塘五分

澤城岸坂四田十畝六分四釐五毫地一畝

南山坂地三畝山六畝三分九釐六毫
碑山后坂由四田九分一釐六毫
峰廉青坂由四田八畝七分六釐六毫
此戸計田一百一十畝零二分五釐七毫計地
十七畝四分三釐五毫計山十二畝九分九釐
八毫計塘三畝一分五釐
二都義學田戸
南山坂四田二畝一分七釐六毫
此戸計田二畝一分七釐六毫
以上田地山塘康熙六十年知縣宋斆捐置田

四十三畝三分零塘二畝六分監生裘懿德捐田二畝四分乾隆十七年知縣石山將圓覺堂僧人訐訟菴田詳撥書院經費田五十七畝三分零地十七畝四分零山十九畝三分零塘五分零前知縣劉斷撥東郭互爭田二畝碑山菴互爭田八畝八分

西一圖義學附地戶

潭過坂地三十四畝零乾隆十四年知縣蕭起鳳因章童二姓互爭荒地詳撥書院此地疊被水衝存剩無幾乾隆五十七年知縣周丕查丈現在實

存地十六畝五分零

西一圖義學膏火戸

陶莊坂四田六十一畝二分零

義公塢下坂一田三十四畝一分零

陳義坂四田四畝五分零

以上共田九十九畝九分一釐四毫乾隆二十年知縣戴椿因資福寺僧訐訟詳撥育嬰堂經費旋因建堂費大且嵊無棄兒溺女惡習毋庸建堂二十三年知縣竇忻詳請改撥剡山書院生童膏火

二十五都雨花菴充入書院戸

本馬下坂一田五畝八分九釐四田三十四畝一分八釐七毫塘五分五釐

花田坂一田十畝一分零四田六分零

以上共田五十畝零塘五分五釐乾隆四十四年知縣胡翹楚因雨花菴僧訐訟詳奉撥充書院生童膏火以上道光志

八九十都二圖江家莊充入書院戸

茹湖坂一田一畝玖分三釐柒毫

遶亭下坂四田一拾畝二分四釐三毫地玖畝六

分九釐塘八分正

此戶共計田十二畝一分八釐地九畝六分九

釐塘八分

附都報恩寺充入書院戶

官莊北坂一田四畝七分六釐三毫

建安坂一田一畝二分四釐

黃尖坂一田四畝正

許門坂一田二十二畝二分三釐三毫四田七畝

一分五釐

此戶共計田三十九畝三分八釐六毫

輔仁書院田地

三十六都輔仁書院戶

官莊西坂一田六十四畝九分零四田十畝三分

零塘二畝零

官莊東坂一田二十一畝四分零四田一畝二分

零地基四畝六分零

以上共田地一百四畝零乾隆五十三年知縣

唐仁埴因大仁寺僧俗訐訟撥充輔仁書院膏

火

童試戶

福勝菴充童試戶田

趙家田坂共田念七畝零七釐六毫

趙家田坂塘五分三釐

此田係道光十一年知縣言尙熙因僧俗訐訟

詳請撥充邑人呂燮煌田界敘菴田充公計念七畝有零坐趙家田坂在福泉山之

欃其在折坑嶺路下者高高下下毗連一處並

無別人田畝以間之分爲四路每路約計田六

畝一傍路一帶計五十餘坵總土名水孔坵沿山

坡一帶計六十餘坵總土名大菴山腳有塘有

水孔可以車救是謂上半路田最好至水孔坵

下沿坑者約五十餘坵總土名坑塘腳旁有本

田六坵以間之至大菴山腳下沿坡者亦約有

五十餘坵總土名油蔴田是謂下半路其田較

上半路爲稍次再向北數百步有一小山坡土

名黃公山有塘一塘口計田三坵約貳畝零塘

與裘姓各半以下郎裘姓田也八方盡埋石爲界糧號其念七畝有零實有四十餘畝之廣余親詣其地恐後人之混雜也爰歸而爲之叙

永慶菴充童試戸田

鄭城上坂田七畝四分

鄭城下坂田四十二畝五分一釐四毫

鄭城南坂田二畝九釐九毫

鄭城下坂塘一分正

此田係道光十三年因僧俗訐訟紳士周華齡等呈請知縣蔣嘉埠撥充詳請立案

大竺寺充童試戸田

天竺寺坂田八十三畝九分一釐六毫

董公上坂田四畝二分六釐三毫

董公上坂地拆七分一釐五毫

石門東上坂田二十畝八分一釐九毫

卜家門前坂田二畝零六釐七毫

西坑坂田二畝二分五釐六毫

此田係道光二十八年因僧俗訐訟知縣陳鍾

彥撥充詳請立案

慨捐童試戸田

劈力坂田一畝一分八釐八毫

塘二分

高罕坂田三畝七分四釐二毫

塘一釐

此戶張鳴臯捐

上朱坂田二畝

此戶錢芬龍捐

入籍捐童試戶田

閣嶺下西坂田二畝四分

民沃坂田一畝正

馬苎坂地五分正

田七分三釐一毫

寒蘆坂田二畝一分一釐四毫

茅洋坂田一畝正

馬芒坂田一分四釐六毫

江家坂田二畝九分二釐六毫

下洋坂田一畝二分九釐九毫

乳母后坂田拆一畝正

牛欄上坂田二分七釐五毫

鮑湖坂田八分一釐六毫

官莊上坂田七分九釐六毫

並湖中坂田五分八釐二毫
苦竹下坂田九分九釐
石馬坂田一畝九分
青塘外坂田　畝九分五釐
鹽宅坂田二畝四分七釐
白竹坂田一畝九分九釐三毫
湖橋下坂田一畝五分二釐五毫
塔基坂田拆二畝正
九婦成坂田二畝七分八釐
九婦余坂田一畝三分八釐二毫

南山坂田七分五釐二毫
油車坂田一畝五分正
南渡坂田二畝零二釐五毫
南塘坂田九分三釐八毫
榧本坂田三畝七分七釐
艮坑西坂田二畝六分三釐三毫
大灣坂田一畝九分
東西坂田八分一釐六毫
趙墺坂田一畝三分四釐　康郎坂田二畝
南山坂田四畝　秋字坂田一畝

馬安山坂田一畝六分五釐又五分六釐三毫

田二畝五分五釐一毫

坑東坂田五畝零二釐七毫

合邑鄉試卷資田

二十六都一圖合邑鄉試田戶往字坂四田十二畝

一分零地五畝零塘一畝四分

余字坂田七分零

程字坂一田二畝一分零

成字坂四田三畝七分零

以上共田十八畝零地　畝零塘一畝四分布理

問周豐垣捐助

雨花菴充鄉試田

二十五都科舉路費戶　達溪坂一田四十三畝九分零四田四畝七分零

木馬中坂四田六分零

以上共田四十九畝零乾隆四十四年知縣胡翹楚因雨花菴僧訐訟詳奉撥充書院膏火後公議改歸鄉試路費

大仁寺撥充鄉會試田

三十六都鄉會試田戶　官莊西坂一田匹畝五分

下城坂一田十二畝零四田四分零
儒林北坂一田二畝二分零
方山下坂一田六畝八分零四田二畝二分零
前王坂一田八畝五分零塘二分
婁下北坂一田一畝二分零
馬家門前坂一田一畝九分零
蓮東坂一田一畝九分零
山根坂塘拆三分
苦竹上坂四田一畝三分零塘拆一分
婁下南坂一田一畝二分零

湖繞坂一田一畝二分零

官莊東坂一田二十九畝零

以上共田八十一畝零塘六分乾隆五十三年知縣唐仁埴因大仁寺僧訐訟撥充鄉會試路費

合邑公捐鄉會試田

喻大中捐田二十畝　周貴瓚捐田十五畝內水沖十畝　周鳴鳳捐田十畝

邢協勳　張繼文以上各捐田六畝三分　裘克配

錢淇文　馬明倫　吳克敦　魏　詩以上各捐田六畝

周大用捐田五畝　張士能　魏樂山以上捐田四畝五分

郭君寶捐田四畝三分　支世顯　魏輔昊　魏汝鴻

徐安邦　應佩絅以上各捐田四畝內應佩絅田水冲二畝五分　王啟豐
鄭　藹以上各捐田三畝三分　裘煥忠　魏亭來田以上各捐三畝二分
周藏用　應紹濂　黃艮輔　張有藝
竺英越　王澍策　竺蓮艇　錢傳璧　郭顯玫
駱翰章　張家齊　黃艮韜　姚國豐田以上各捐三畝內應紹濂田水沖一畝張家齊田水沖二畝
錢　敏捐田三畝內除墳基三分　裘克潤
捐田二畝五分　錢　珍　黃南仲以上各捐田二畝三分　邢協熙
周昌遐以上各捐田二畝二分　孫大成　周敬用　錢永頌
馬彭齡　葉兆學　張仲孝　潘忠瑄　趙崧祖
周光煒　吳肇奎　駱正遷　姚遵忠　姚國本

馬彭統　錢煥　張廷傑　李克照　俞濟聖
袁秀榮　丁肇夏　丁靜齋　馬肇棠　竺漣
任聲洪　張基聖　張顯道　周賢　張必語
張暐　董維熊　丁鴻漸　樓大學續捐　王待璣
錢章璜　錢慶餘以上各捐田二畝　薛爾顯捐田一畝八分
孫芳遂　錢聖被　胡杏芳以上各捐田一畝六分　裘克尚
丁肇豐　陳奇　周景發　宋班　錢紹琳
尹秉鈞　袁德明　唐峻德　竹配棠　沈鶴林
陳翙雲　鄭彥文　俞衡孝以上各捐田一畝五分　宋乾遐
尹棠　呂一嵩　王杏芳　鍾敬義各捐田一畝四分

呂華福　呂　獻　裘移孝　童三重　王永清

各捐田一畝三分　劉　純　呂思備　施祖超　竺從龍

以上各捐田一畝二分　袁　憲　周昌敬　呂　咸

呂　乾　張聲榮　吳剛中　吳剛大　尹守正

張啟豐　張　疇　史與理　周崇濂　錢鵬飛

錢事達　錢學楨　錢傳統　錢芳蓀　錢維翰

應廷揚　劉　椿　呂慶儲　馬德明　陳義種

王夙鑑　張國宰　馬祚柏　張　基　錢師仲

宋客周　宋希濂　陳兆蓀　樓克振　樓克聖

張達相　袁道昌　張天英　史載文　沈燮正

裘克光　裘克祺　裘仕涓　裘有光　裘鳳祥
裘章侯　裘兆鰲　史薛元　張我威　張曜起
張翟起　張錫圭　張錫照　張　澐　張　袞
張　典　張　弦　張紹翰　張國舜　朱明揚
黃爲節　史甯忠　史義禎　史其義　馬宗廣
王立如　單仁榮　吳克廣　吳之陛　俞孝懌
俞孝達　俞孝善　俞存齊　周廣志　張永清
陳曾鳳　孫廷翰　唐性童　汪潛瑩　尹鳴玉
王懷源　盧正元　劉漢川　賈鳳岐　沈天民
周　韜　周槐三　周賁蕃　周　煒　周鳳梧

周錫齡 盧武臣 錢紹炳 錢紹森 錢　煒
錢　瑞 錢傳絅 錢明廣 邢知甫 邢處清
邢處洪 劉大戒 劉初忠 馬聖堯 裘　華
裘　沖 裘發强 張廷侯 黃啟文 黃啟鳳
黃大琳 黃正中 馬煥文 金仲聖 張式鰲
張深基 竺忠文 錢士英 錢益森 裘國佑
駱望元 丁有緣 宋炎中 朱讓忠 葉　藩
黃錦崑 周召甫 裘舜翁 張書紳 張仲賢
張鳴臯 尹逵創 周朝城 樊國正 金期德
金有朋 俞友啟 俞存紳 俞睿廷 宋奕林

俞鳳音　俞　惠　王秉車　王殿光　王啟仁
王允武　董士興　單稷臣　唐開科　姚則堯
竺道孝　竺靜遠　竺增華　丁正宏　季載賢
胡　贇　尹白豪　張景南　簡增朝　王英祥
以上各捐田一畝內
王英祥田水沖一畝
以上共田四百五十五畝零內乾隆四十八九
年間歲貢生劉純勸合邑捐田二百三十四畝
零嘉慶二十一二年間廩生宋彭山等勸合邑
續捐田二百二十一畝零其城鄉戶名畝分坂
號另有刻本分交合邑紳士收藏又續捐田六畝

附都報恩寺充八鄉會試戶

許門坂一田二十七畝九分一釐六毫　四田二畝

三分三釐

里壁坂一田三畝八分七釐

周工坂一田四畝六分八釐二毫

下境坂一田二畝九分九釐

此戶共田四十一畝零

吳周德公祠合邑會試路費田戶

六都二圖王山頭西坂四田四畝六分零

王山頭下坂一田三畝八分零四田二畝四分零塘

六釐

新建坂一田二畝九分零四田四畝一分零塘二分

二釐

新建前坂一田十畝六分零四田二十六畝九分零

塘五分三釐

新建后坂一田七畝三分零四田五畝五分零塘六

分七釐

大淺上坂一田七畝零

大淺中坂一田一畝九分零

七都路北坂二田十二畝零

路南坂一田三畝六分

寺前坂一田五畝九分零四田六畝二分塘七分

大淺上坂一田三畝四分零

大淺中坂一田十九畝九分零

大淺下坂一田二十四畝一分零

東三圖王山頭下坂一田十二畝零四田八畝五分

零塘一分五釐

王山頭東坂四田二畝六分零

新建坂一田一畝零四田三畝八分零

新建前坂一田十畝四分零四田四畝八分零塘二

釐
大淺上坂一田貳畝伍分零
共田貳百畝零道光六年棠溪貢生吳肇奎妻
王氏遵夫遺命呈案詳請捐助
學宮歲修田
廚泉坂一田伍畝貳分玖釐肆毫
余家上坂一田壹畝柒分貳釐伍毫
余家下坂四田壹畝參分柒釐參毫
瓦窰村坂四田參畝肆分壹釐肆毫
湖橋下坂一田拾畝捌分貳釐捌毫又三百九十六

號塘拆壹釐

山前坂一田伍分柒釐陸毫

姚宅上坂四田捌分柒釐壹毫地壹畝柒釐伍毫又

一百四十一號塘拆壹釐

新置石獅羊坂四田壹畝玖分柒釐肆毫

附都童定山捐

王山頭下坂一田貳畝壹分玖釐叁毫四田壹畝肆

分伍釐玖毫

湖橋下坂一田貳畝陸分伍釐陸毫

姚宅上坂一田貳畝壹分正

姚宅下坂一田貳分柒釐伍毫
上共計田參拾伍畝捌分壹釐參毫
崇義節烈兩祠歲修田
王山頭下坂一田貳畝壹釐柒毫四田參畝柒分玖釐捌毫
白肚坂四田陸畝柒分壹釐肆毫
外洋坂地田肆畝柒分參釐
新城上坂地田貳畝正
新城下坂一田貳畝肆分捌釐地田玖畝玖分肆釐柒毫

謝旨下坂地田陸畝肆分壹釐陸毫

茅洋東坂四田叄畝玖分陸釐捌毫

茅洋南坂一田壹畝伍分捌釐柒毫四田叄畝柒分玖釐肆毫

茅洋西坂一田柒分陸釐貳毫

姚宅下坂地田柒分伍釐

浦口上坂一田壹畝陸分伍釐柒毫

湖橋下坂一田壹畝叄釐壹毫

新建前坂四田伍分正

茅荅坂一田叄分伍釐伍毫地貳畝肆分肆釐柒毫

上共計田地伍拾肆畝玖分伍釐叁毫

黌宫户田

茅洋東坂地田捌分正一田叁畝壹分叁釐伍毫四

田肆畝伍釐捌毫

茅洋南坂四田貳畝伍分壹釐貳毫

茅洋西坂一田壹畝肆分柒釐叁毫

茅洋前坂四田壹畝柒分正

王山頭東坂地田肆畝肆分玖釐叁毫四田捌分伍

亳山田拆柒分壹釐

王山頭下坂四田壹畝捌分壹釐

王界塘裏坂地田拆壹畝玖分正

道士嶼坂四田肆畝貳分肆毫又七十四號塘壹釐

新建前坂一田貳畝貳釐玖毫四田肆畝壹分陸毫

新建坂四田壹畝貳分玖釐壹毫

栗木灘坂地田折肆畝參分陸釐貳毫

東塘下坂地田壹畝肆分柒釐伍毫

青塘外坂四田壹畝伍分參釐伍毫

謝旨下坂地田肆分正

姚宅上坂地田玖分柒釐陸毫

湖橋下坂一田壹畝壹分正

姚家西坂四田壹畝貳分壹釐壹毫

胡家坂一田壹畝貳分壹釐

下城坂四田貳畝參分陸釐

南田坂地田壹畝伍分正

東坂四田壹畝伍分貳釐陸毫

西坂四田壹畝參分

大塢口坂四田壹畝壹分伍釐貳毫

上林坂地田陸畝玖分陸釐伍毫

招村中坂地田肆畝壹分伍釐肆毫四田壹分伍釐

招村下坂地田壹畝參分肆釐柒毫

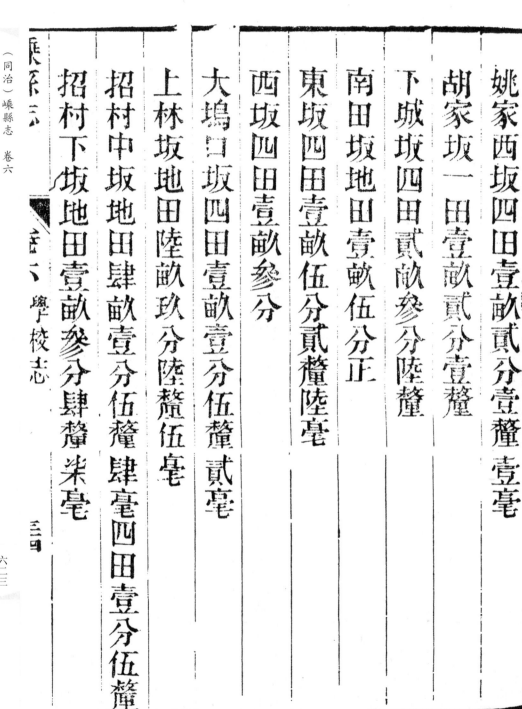

招村東坂一田壹畝柒分陸釐玖毫地田壹畝陸分
壹釐

珠溪西坂地田壹畝柒分玖釐伍毫

信溪上坂 田參分捌釐肆毫

上共計田柒拾貳畝玖分零柒毫塘壹釐

合邑學册費田

吳金和捐田壹百二十畝　魏懋和捐田八十畝　錢　沛捐田五十畝

俞景僑捐田三十畝　吳之海捐田二十畝

錢維翰捐田十七畝　王傳芳　樓仁炘以上各捐田十五畝

呂盛載捐田十二畝　裘萬芑　裘克配　裘　巽

呂蓬萊　馬彭統　張萬年　周愛棠　呂元功

張廷照　張舜五　支俊卿　孫克勝　沈承化

鄭　鏞　錢萬嶽　錢芳譽　裘書紳　吳家位

馬錫麟　魏秀棠　袁摩遜　丁汝槐　丁舜年

錢昌鎔　俞存誠　袁碧臣　竺千松　尹慶增

謝克富　以上各捐田十畝

續捐

裘怡藻　捐田十三畝　　裘怡蕿　　邢睿　　錢玉如

黃永修　　董運通　　黃魁鑑　　周醽哲　以上各捐田十畝

裘耀邦　捐錢壹百五拾千文　　王開瑞　　裘萬清　各捐田十畝

續補魏家橋硃田充鄉會試田
四十七都二圖前王莊鄉會試戶
白肚坂四田叁畝伍分陸釐叁毫
四十七都三圖過村莊鄉會試戶
王山坂一田柒分正
四田叁畝柒分叁釐捌毫
地田陸分正
五百三十八號塘折壹釐
宿字坂四田壹畝陸分伍釐肆毫
四十八都一圖王山頭莊鄉會試戶

白壯坂一田壹畝貳分柒釐

秋字坂一田壹分柒釐伍毫

寒字坂一田貳分正

四田陸分捌釐肆毫

列字坂地伎陸分伍釐

以上共田拾壹畝玖分捌釐肆毫地壹畝貳分

伍釐塘壹釐同治十年知縣陳仲麟因宋允魁

等呈請准充鄉會試路費

嵊縣志卷七

祠祀志 壇 廟 祠 寺 院 觀 卷塋域 義塚附

祀典所載蓋有司存又有懿好所存順輿情而爲之者或無稽弗信姑聽民自爲之者至如浮圖老子之宮談道者嫉焉然苟無汚於風教亦非令甲之所禁剡中溪山稱絕勝攀林躋閣祠宇輝光非此則遊踪茂憩矣若夫唁清風之血淚招月嶺之忠魂感動唏噓徘徊不忍去又烏識其所由然志祠祀第五

壇

社稷壇　周志舊在縣西南一十步一云在縣北一百
一十步宋嘉定八年邑令史安之遷置縣西二里昇平
鄉五十四都　西嶺上元至正間重修許汝霖記古者諸侯
建國各有社稷雖曹
滕邾莒五十里之國皆與齊晉等不獨諸侯也有民
人則有社稷矣故一邑之小亦有之魯之費楚之豐
皆邑之有社者也宋朝之制縣社稷祠祭與郡同紹
興八邑皆有社稷壇社在西門外其祭法會稽志云
社以句龍配稷以后稷配自京師達於郡邑歲再祭
春以春社秋以秋社前一月檢舉關所屬前祭三日
散齋宿於正寢不弔喪不問疾不作樂不行刑不書
獄不與穢惡致齋一日質明赴祭宋政和間祭用大
成樂贊者引初獻行禮則甯安之樂作八成止引詣
壇盥洗則正安之樂作詣神位前則嘉安之樂作送
神則甯安之樂復作一成止自建炎後樂器多亡遂
不復用國朝之祭率因宋制損益之其詳有司存焉
明成化九年知縣許岳英修葺宏治十二年邑令徐

恂建齋房三間宰牲房三間繚以周垣凡一百有五丈尋圮李志　國朝雍正九年知縣傅珏奉文捐俸築壇圍以土牆四面開門各建門樓一座周禮小宗伯掌建國之神位右社稷鄭元注社稷土穀之神有德者配食焉共工氏之子曰句龍食于社厲山氏之子曰柱食于稷湯遷之而祀棄此社稷之神也漢晉而下天下通祀之明洪武七年始定壇制　國朝因之東西南北各二丈五尺高三尺四出陛各三級繚以周垣自北門入石主長二尺五寸方一尺埋於壇南正中只露圓尖五寸仍用木牌二朱地青書一書縣社之神一書縣稷之神歲以春秋二仲月上戊日致祭木牌寄供西嶺菴臨祭恭請

到壇祭畢仍寄供菴內

祭品

制帛二黑色　豕一　羊一　鉶一　籩四　豆四　簠

四　簋四　白磁爵四

祭儀

凡承祭官衣朝衣就位一節瘞毛血一節盥洗一節詣香案行二跪六叩頭禮一節初獻獻帛獻爵讀祝叩頭一節亞獻獻爵叩頭一節三獻獻爵叩頭一節飲福受胙一節謝福胙叩頭一節徹饌復行二跪六叩頭禮一節望燎一節

先農壇　浙江通志在東郊朱公河上側　國朝雍正五年李志作四年誤知縣張泌李志作李之果誤奉文建立壇宇并置耤田四畝九分李志會典壇高二尺五寸寬二丈五尺正房三間奉先農神牌高四

寸寬六寸座高五寸寬九寸五分東貯祭器農具西
貯耤田租穀配房二間東備祭品西住農民南向大
門牌坊一座四面繚垣耕牛黑色農具赤色籽種箱
青色每歲仲春亥日致祭正印官承祭文武官員各
照品級隨班行禮祭畢各官衣蟒衣補服照九卿耕
耤例行九推之禮正印官秉耒佐貳執青箱播種耆
老一人牽牛農
夫二人扶犁
祭品祭儀同社稷壇
風雲雷雨山川壇　周志在縣南五里方山鄉一都明
宏治十二年知縣徐惀建齋房及宰牲房各三間繚
以垣凡一百有十丈皆圮李志　國朝雍正七年禮
部議奏
上諭以雲師雷師庇國佑民靈應顯然宜特建廟宇崇祀

九年知縣傅珏於舊基築建高寬丈尺儀制一如先
農壇周禮大宗伯以槱燎祀飌師雨師漢祀風雨唐加以雷元分祭雷風雨師明洪武元年命府州
縣設壇祭山川二年復命合風雲雷雨師於一壇六年
又以風雲雷雨同爲一壇又合祭城隍於其間今制
風雲雷雨山川同爲一壇每歲春秋二仲月上戊日
致祭設三神位風雲雷雨居中山川居左城隍居右
初獻先詣風雲雷
雨次山川次城隍

祭品祭儀同社稷壇

邑厲壇府志在縣北二里仁德鄉明洪武二十九年
建宏治十二年知縣徐恂築周垣六十丈南有宰牲
池禮記王爲羣姓立七祀有泰厲諸侯爲國立五祀
有公厲大夫立三祀有族厲續文獻通考明洪武
已酉特勑郡邑里社各設無祀鬼神壇歲以清明日
七月望日十月朔日晡時祭先三日有司移牒城隍

神奉主於壇之正中南向以主其祭又明制有里社壇鄉厲壇每里百戸立壇今皆廢

祭品

豕三　羊三　飯米三石

祭儀同社稷壇

廟

城隍廟　嘉泰志在縣西五十步李志創建失考考證周禮八蜡之祭有水庸庸城也水隍也城隍之名昉此至唐始令天下通祀城隍守令謁見其儀在他神上自宋迄元神亦漸著其名洪武元年詔封天下城隍在應天府者帝開封臨濠太平三府和滁二州者王餘爲公爲侯爲伯三年改題曰某處城隍之神是年六月命各府州縣城隍廟宇俱如其公廨設公座筆硯如其守令造爲木主毀其塑像舁置水中取其泥塗壁繪以雲山其在兩廡者亦如之後各處塑像如故

四年令新任者必先與神誓期陰陽表裏以安下民謂之宿齋今因之

周志元至正六年尹冷瓚修夏志邑人崔存記嵊之城隍祠在縣治右所以神保障顯陰騭也尹儒林郎冷公瓚蒞政之二年雨暘時若物無疵癘圖答神休始斥大之殿故有前軒承霤交注上漏易壞因崇作廣庭與內陛相齊爲闊七十接武覆以脩欜駕以文梁列一十二楹衆宇之飭則剔蠹易堅覆瓦精緻棟極穹甍若增而高又所以妥至靈洪貺也其諸木石磚甓之用攻堅設色之徒上下其食取直其庸工緒簡稍躬爲裁總土庶翕如羣力知勸庀工以至正丙戌之秋告畢於是歲之杪俾爲文以記之余間諸故老南宋時邑人以元日謁廟若昧爽之晨間廟中語曰今歲丁旱或又曰詹義民作宰尙早爲門啓而入始驚其爲神也夏果旱則詹君實來雨隨車而注今尹之爲是邑也致年穀屢登以福斯民亦惟尹之德通於神明皆爾豈無自而徵之哉載惟秩祀之常五嶽視三公四瀆視諸侯名山大澤在其封則祀由封建廢而郡縣則城隍之祀秩在守令也尙矣[illegible]祠聿新丹桓表道視六縣治之新庶神明左右於父母斯民

有相之道也銘曰黼黻畫衣儼若令容孰壯其宇惟尹也忠官政重轂神介歲登靡事雩宗民福具膺精白尹心昭神宣靈徹我蕪陋位神謐清尹也秉誠藏在民生神道設教禮樂是與嗣今其往潔粢豐盛風馬雲輿飈韋載迎麗辭於碑用勒頌聲　二十四年爕守帥周紹祖攝尹事邢雄重建明洪武三十年知縣江瀾新之成化中知縣劉清重建宏治十一年知縣徐恂增葺夏志訓導周俅

重修城隍廟記古者聖王制禮凡有功於生民者皆立壇祠祀之以報厥功城隍之祀肇於吳越垂於後代而襲舉於我朝以其可以捍外衛內保障生靈功與名祀等也宏治戊午夏徐侯蒞任而以治民事神爲首務故於學校之興創壇壝之修建倉廒鋪舍之甃之築以次而舉三載之間百廢具興庚申冬因見城隍廟宇榱桷朽腐瓦石傾頽無以稱神棲所乃召耆老趙衡陳奇而謂之曰城隍不修而因陋就簡非惟無以聲吾敬恭明神之心且至傾頽而後修葺未免勞擾有負朝廷重神愛民之意爾可董其事視夫

榱桷梁棟之屬瓦石牆壁之類朽腐者易之傾頹者植之堅牢未敗尚可者因而勿去之務使廟貌一新起人瞻仰若夫規模之廣狹基址之深淺則仍其舊而已趙循東奇邑人也知城隍爲民而立侯亦爲民而修而非慢神虐民者比故乃精白一心朝夕從事凡夫木植之遴選瓦石之砌築工匠之興作勤隋必親監臨以倡率之務求體恤侯意罔敢怠遑於是衆皆樂事赴功不數月而廟宇告成嗚呼廟宇成而城隍之神安城隍安而徐侯之心亦安神人胥慶兆民允殖之理所必然侯可謂大有功於神民者矣侯名孚信夫別號警齋蘇州嘉定人也城隍之修特其一爾其他羣祀之修民不告勞善政之施民不知德可爲循良稱首者不可枚舉此直紀其一端乃若斯廟也前有儀門後有正殿正殿前足以露臺兩道左右翼廡以便民倉舍外有周垣四面環繞計其深幾許廣幾何丈尺幾茂多創於何人起於何時已有前人記述今此不重贅云

萬歷四年知縣譚禮建儀門及東西廂宇

十五年知縣萬民紀撤故址重建李志

國朝康熙

八年知縣張蓬歡重修道光李志嘉慶九年喻大中
裘坎周光煒郭萬年募貲重建沈慥監工東爲聽雪
山房前爲溪山第一樓全攬剡中之勝新纂咸豐八
年闔邑集貲重修

　祭品祭儀同社稷壇

文廟　周志宋時在桃源觀内元至元二十三年守帥
周紹祖尹邢雄徙學宫旁萬歷初重建明倫堂東李
志　國朝康熙五十七年知縣任儀京改建鹿胎山
巓後令宋敎就文昌祠設爲義塾檢討壽致潤有義塾碑記雍正六年知縣李之
果移建大成殿外東偏乾隆五年知縣李以炎葺并

建前殿五間道光李志嘉慶六年奉
上諭京師地安門內舊有明成化年間所建文昌帝君廟
宇久經傾圮碑記尚存特命敬謹重修現已落成規
模聿煥朕本日虔申展謁行九叩禮敬思文昌帝君
主持文運福國佑民崇正教闢邪說靈蹟最著海內
崇奉與關聖大帝相同允宜列入祀典用光文治著
交禮部太常寺將每歲春秋致祭之典及一切儀文
仿關帝廟定制詳查妥議具奏舊名文昌廟是年奉
旨改爲文廟合邑集資重建新纂道光十七年邑人吳金
科捐修咸豐辛酉毀同治五年闔邑集資重修

祭品祭儀同關帝廟

關帝廟　李志在縣之西久圮　國朝雍正十一年知縣傅珏同貢生尹遠服等捐資重建每歲春秋仲月五月十三日致祭雍正三年奉

旨令天下郡縣祀以太牢又追封其曾祖光昭公祖裕昌公父成忠公置主崇祀本廟後殿浙江通志漢關壯繆侯宋崇甯元年進封忠惠公大觀二年加封武安王建炎口熙間復累加王號萬歷十八年封三界伏魔大帝李志考證田易天南一峯集公謚壯繆代酧編云繆當爲穆謚法克亂不遂爲壯執義布德爲穆與公爲當而妖僧附會聽召助兵或以玉泉顯聖援普淨爲鄉人又云公與顏良爲普安侍者最爲褻謔且普安元僧江西人去漢甚遠也王元美云宋甯宗時蚩尤壞鹽池上勅天師張召公與戰勝之鹽池復封公爲眞君道家

訛傳公主伏魔稱伏魔大帝明初定祀典稱漢前將
軍壽亭侯嘉靖十年南太常卿黄芳奏改稱漢前將
軍漢壽亭侯列南京十四廟　國朝　勅封忠義
神武關聖大帝乃世妄傳蚩尤之戰　公攝諸少壯者
以助及戰勝諸少壯者體已壞魂不可返皆
令得祔廟以食故今廟最繁而禱亦輒應　道光李
志嘉慶十年閻邑集資重修謹案乾隆四十一年奉
上諭關帝在當時力扶炎漢志節凜然乃史書所謚並非
嘉名陳壽於蜀漢有嫌所撰三國志多存私見遂不
爲之論定豈得謂公從前
世祖章皇帝曾降
諭旨封爲忠義神武大帝以褒揚盛烈朕復於乾隆三十
二年降旨加靈佑二字用示尊崇夫以神之義烈忠

誠海內咸知敬祀而正史猶存舊謚隱寓譏訐非所以傳信萬世應改爲忠義第民間相沿已久難於更易著武英殿將此旨刊載傳末用垂久遠其官板及內務府陳設書籍並著改刊增入禮部則例嘉慶間奉

旨加封仁勇二字道光八年平定回部張格爾神二次顯靈擒獲渠魁奉

旨加威顯二字新纂咸豐元年奉

旨加封護國保民四字二年募貲重修邢佳畹記

忠義神武靈佑仁勇威顯護國保民關聖大帝列於祀典典至鉅儀至肅頒行郡邑有司掌之無敢不共嵊之廟祀大帝者無慮數百而城隍廟西頹然一宇號爲關帝廟者實爲邑令朔望行香歲時薦享之所制本

簡陋益之傾圮甚非所以稱隆儀而妥明神也道
光戊申清江陳公以名進士攝邑篆既視事以興廢
舉墜爲己任入廟瞻仰怵然於懷集邑紳士周松齡
徐鏡清等諭以更新割廡爲倡役未興而解任飲餞
之頃諄囑再三諸君遂量力捐輸并募邑之好善樂
施者而以事屬鄭君昌遠遂購名材伐崖石以己酉
之秋召工舉事盡撤其舊相度形勢而爲之制晨夕
經營設次其所而寢處之凡五閱年而功以就寢
室六楹幽深邃密宛然闕宮寢室之前爲大殿四
楹華棟綺甍規模宏敞左右廂各四楹明窗淨几清
雅宜人前爲棘門又前爲柵門柵門之前設牆爲屏
并更其額曰武廟金碧輝煌煥然麗矞爰奉帝
祖考光昭公裕昌公成忠公三主於寢室金寫
大帝像於大殿以祀焉儀於是稱神亦於是
妥矣此固陳公昭事之至誠有以感動諸君子而諸
君子爲能不負所託乎工既竣諸君子招予周覽堂
廡爲記顛末於碑而慨然以歲修無資爲慮予門諸
君一念之誠達於神明必有仗義者出如君之願
已而盛君淇津果以田玖畝有
奇隸廟并勒貞珉以垂不朽
六年

敕封精誠二字九年恭懸
御書萬世人極扁額辛酉寇燬同治八年重脩
祭品後殿係公爵不用牛
帛一白色 牛羊一各 豕一 籩豆各十 五月十三日
用果品不用籩豆
儀節後殿用二跪六叩頭禮
承祭官衣朝衣盥洗一節就位一節奉香一節行三跪九叩頭禮一節初獻獻帛獻爵一節讀祝各跪叩一節亞獻獻爵跪叩一節三獻獻爵跪叩一節復行三跪九叩頭禮徹饌一節望燎一節

溫元帥廟　李志在縣治前創建莫考　國朝康熙五年居民拓基重建道光李志嘉慶二十三年重建新纂咸豐間士民集資重建

太祖廟　李志一在縣前一在縣後月嶺一在陡門一在西鄉東湖山一在開元鄉一在北靈芝鄉　李志考證舊志明王勅封不知何始相傳來嵊賑飢民感其德故在隨祀之稱曰太祖　新纂縣前無考陡門嶷即聯桂坊同治三年里人重修月嶺馬王廟姓建

西倉廟　李志在縣治西南鹿胎山前　國朝康熙六年建爲西隅社會之所丁哲西倉院記所倉院神者自巽地貿易來剡建倉鬼山

之薦貯米續運歷有年所正統丁巳歲饑邑侯徐公士淵聞上書倉發賑復勸城鄉富戶捐濟至明年五月民饑如故神念侯再賑維艱卽將西倉米與侯酌定分給事畢束裝歸四方父老聞之拈香攀留不忍舍去神忻然大笑仆地衆駭扶視氣絶侯至執其手曰君甦來君甦來我有語告旋甦拱手曰侯賢父母也今秋大熟可無慮語畢仍逝顏色如生既殮舉尸如空棺厝於西關外之原年六十四六月十九日也侯請獎詔封明王勅西倉爲祀祠西隅十堅肖形塑像奉爲祀廟每居六月十九羣集虔祝尊曰太祖成化八年壬辰秋疫大作諸醫罔治神化醫士施丹病者頓愈丁未五月大旱邑侯夏公完祈禱無術夢綵間聞半空語曰求以增疏請可無慮驚覺駭異與紳士等備述之一父老忽悟太祖名以增以告侯侯郎率衆詣神前叩祝是夕甘霖四布慶大有年僉情申請詔封威德并勅正印官屆期行禮致祭諸父老懼久而無徵邀哲述其巓末神姓汪諱以增字世德安徽歙縣人 道光李志乾隆五十一年重建嘉慶十四年重修新纂道光十八年重修

咸豐十一年燬同治六年六堡重修

胡公廟　新纂在縣治西南道光二十六年婺人醵金

創建爲社會之所祀佑順侯胡特郎一在東門埠

西鎮廟　道光李志在來白門外祀昇平鄉主新纂咸

豐五年重修

東嶽廟　李志在來白門外新纂咸豐七年邑人周松

齡等募修

金龍四大王廟　張志在南門外　國朝順治間邑進

士尹巽建　順治庚子尹巽公車北上渡黃河未及宿

遷舟漏將沒呼神以救忽一小艇至纔更

舟前船遂沒甲辰第進士假歸乃倡建之山陰王岵

浣雲集王姓謝名緒錢塘安溪里人籍會稽諸生祖

逢死爲神建炎時率冥兵驅北騎咸曰七年疏請立廟封廣應侯有孫綱紀乾皆爲神王其第四孫也日金龍四大王者王常建白雲亭於金龍山巔也宋末隱苕溪慨然有澄清中原志度宗甲戌秋大雨天目山崩歎曰天目臨安主山也主山崩宋其殆乎遂不仕及帝昺亡誓衆曰吾生不能報宋死若有知必展此志中夜起作詩赴苕溪死則苕水忽漲高至丈餘若憑其怒氣者土人異之立廟金龍山至明太祖與蠻子海牙戰於呂梁洪敵在上流我師失利而風濤忽捲黃河爲之北注海牙大敗太祖夜夢神告之曰臣謝緒也太祖驚寤遂封爲黃河神其後擁護漕河屢著靈異天啓四年蘇茂相督漕水涸舟不前王降言爲我請封當以水報蘇具疏甫畢洪波浩蕩萬艘飛渡得旨加封護國濟運金龍四大王（新纂）

咸豐十一年燬

水火神廟（李志）在南門外明崇禎間知縣方叔壯建後燬　國朝康熙九年知縣張逢歡募貲重建張逢歡募

建引嵊古之剡州向多火災議者謂剡爲二火一刀
屢致兵火乃更名嵊然名雖更而火不熄在勝國之
啓禎間特甚令與民議作廟以禳之架樓三楹於城
南之門外樓下像火神樓上像水神火得水以制庶
其少止乎未幾門外火廟延而燼則廟雖創而火如
故今邑民募貲重建以濟乞言余何言哉聞之惑於
讖邪國多火災而劉昆向火叩頭輒能反風是火始
關乎德之修不修矣又聞山置積薪必有火患而廉
范使民貯水咸歌安堵是火始關乎事之慎不慎矣
史載帝嚳之曾孫曰祝融辨於南方爲黃帝司徒後
顓頊之孫黎與回代掌火正亦曰祝融則祝融火神
也記稱其勤其官而水死少昊之子修熙在顓頊時
代掌水正亦曰元冥則元冥水神也月令夏祝融冬
元冥各司其季山海圖繪祝融獸身人面乘兩龍禺
彊人面鳥身珥兩青蛇踐兩青蛇亦乘兩龍形容特
奇怪大抵水火二神神之尊者所以祀必壇坎非天
子公卿不得祀即祀亦不得數數則瀆亦不得疏疏
則怠是神又不可褻矣故救災弭患在修德慎事不
在褻神以圖苟免且火炎上水潤下陰陽之道不可
偏勝如以火濟火以水濟水無不爲患必使炎上者

嘗下濟潤下者嘗上行坎離交而陰陽泰以之治身則五臟和病可卻也以之治世則六府敘災可消也所貴調燮之得宜區區廟制何足爲恃然而魯昭之十八年子產禳火於元冥回祿子產賢者而亦禳火又曰有其舉之不敢廢也前令貫始其事矣廟而禳疇日不可卽今者遂聖天子與賢憲臣之靈待罪以來三年不火天之功也余敢貪天功而不神是敬獨是作廟後各修乃德愼乃事不數不疏以虔乃祀俾神錫之福而畢方不妖則余之厚願也（道光李志）乾隆三十四年知縣吳士瑛修嘉慶六年大水廟旋毀八年里人徐定國等倡捐廓基增建廊宇越六年告成（新纂）咸豐十一年燬同治四年邑人集資重建

旗纛廟（李志）舊祀於教場之演武亭（李志）周禮大司馬秋教兵如振旅之陳辨旗物之用旗之設昉此（續文獻通考）明制祭旗纛以孟歲仲秋祭山川日遣祭於壇內之旗纛

廟霜降日又祭於教場歲暮享太廟日又祭於承天門外案此則霜降日教場之祭所由來也

太尉堂〔道光李志〕在南門外　國朝嘉慶九年重修〔新纂〕祀張陳二侯寇燬過塘行倡捐重建

龍口廟〔李志〕在縣東門內明萬歷間進士周光復與弟光臨建

五顯廟〔李志〕在東門內　國朝康熙七年建今爲財神堂〔會稽陶及申筆獵〕按天官書有五帝內座禮文月令以帝爲太皞炎帝少昊顓頊之屬而配以勾芒之神實司五行故神所服各繪其方之色焉或曰五行者金木水火土與穀爲六府有國者之大用也祀神以五報其其所自亦等於里社土穀故其號特避帝而稱聖聖也者其諸神之通謂也明典釐定祀典南京十四廟有五顯靈官秋季致祭此神祀所由著沿及郡縣迨於民間而不知者且以五通例之則

妄甚矣又按顯聰昭應孚仁廣濟王顯夒明昭烈孚義廣佑王顯正昭順孚智廣惠王顯直昭佑孚信惠澤王顯德昭利孚愛廣成王以端午日誕生（道光李志）嘉慶十八年重建稱

廟

天后宮（道光李志）在東門內（新纂）乾隆間閩汀煙靛紙三業建同治六年三業重修立碑（萬歷府志）祀其神以護海運郎瑛七修類稿云天妃莆田林氏女幼契元理知禍福在室三十年宋元祐間有殊異道元至明並著靈於海如至元間萬戶馬合法忽魯循等洪武間漕卒萬人輩不樂百戶郭保俱以海運成化間給事中陳詢嘉靖間給事中陳侃俱以奉使海國危矣而並以天妃免詢之免有兩紅燈數漁舟來引又與合藥以辟蛇害漂沉香木詢得刻其像侃之免有火光燭舟數蝴蝶繞舟黃雀食柁上米食已風即順激曉至閩午入定海事尤奇其號則忽魯循等奏賜者也（李府志）謹案天妃神歷代累顯神異至國朝顯應尤著

勑封天后凡濱海之處多立廟宇不能勝
載惟寺額曹志稱天妃今改稱天后

藥王廟〔新纂〕在東門內道光四年燬咸豐間重建

靈佑宮〔新纂〕在東門西同治八年江浙閩三省煙商
捐建

東鎮廟〔道光李志〕在東門外明嘉靖十六年建邑人
尹鑾捨基爲東隅社會之所〔新纂〕咸豐十一年寇燬
同治八年重建

包公殿〔新纂〕在東門外二里

武安王廟〔李志〕在北門內東隅諸社立順治間邑人
尹逢吉重建祀關帝〔新纂〕同治七年尹姓重修

晏公廟　李志在北門內　山陰許尚質越州祠祀記公名戍仔江西臨江縣人元初爲文錦局堂長因病歸登舟即尸解有靈顯於江湖立廟祀之入明太祖渡江馭張士誠舟將覆紅袍救上且指之以示者問何神曰晏公也後猪婆龍攻崩江岸復爲老翁示秘鼉法問何人又曰晏姓也太祖感之遂封神霄玉府都督大元帥仍命有司祀之今誤以公爲劉晏也徐渭路史公封平浪侯

仙姑廟　李志在北門內邑人趙鄭桐建新纂同治六年里人重修

萬壽宮　新纂在北門內聯桂坊祀眞君許旌陽

白蓮堂　新纂在北門內嘉會坊祀觀音大士仁德鄉主

正順忠祐靈濟昭烈王廟　嘉泰志在縣北一百八十

步（李府志）即廣德軍祠山張王神也祠山廟甚盛浙江間多有行廟祭者必誦老子且禁食彘肉云萬歷志祠山神姓張名渤漢神雀中入禮斗橫山有禦災捍患功或云佐禹治水有功其賽禱盛於廣德州常以二九月降至日必有風雨有請客風送客風之說

北鎮廟（李志）在北門外一里

艇湖山廟（新纂）在艇湖塔下禱雨輒應乾隆間上林王姓搭基募建

石馬廟（道光李志）在縣南七里一都祀方山鄉主

阮仙翁廟（嘉泰志）在縣南十里李志在方山鄉爲阮肇故宅

太公廟（新纂）在縣南五里有路亭十里爲天興廟

龍王廟【新纂】在縣南十五里明陛

仁德廟【道光李志】在縣東五里二都祀仁德鄉主

黄姥岑廟【嘉泰志】在縣東二里【輿地志】縣東門外有黄姥神祠民多奉事之

謝公廟【道光志】在縣東二十里過港爲康樂鄉土【新纂】祀康樂侯謝靈運　咸豐丁巳秋飛蝗蔽天自餘上沿江西上過處禾稼都盡漸跨江而東衆驚惶鳴鑼持竹枝大聲疾呼勢難制止禱廟輿侯出巡蝗即踰縣城西去不爲災同治壬戌五月粵匪焚掠及侯廟青烟轟起衆譁曰延而燼矣僉駭救視之僅焦半柎其靈異如此

獨山廟【新纂】在四都獨山麓山破岩突起頗靈動閭水周家塓底等莊合建

廻龍廟（新纂）在康樂鄉小溪徐姓建

大王廟（新纂）在四都外大山

崇信廟（道光志）在縣東二十里五六七都祀崇信鄉主

總管廟（新纂）在浦口鎮詳見靈濟侯祠紳董公議神廟前牧場外地作春秋祭產立碑

觀善堂（新纂）在縣東棠溪莊 里人炎之垄重建碑記觀善堂者吾鄉之境廟也自有宋而開基歷元明而致祀前則水神象旨捍患禦災後則大士眉横放光現影洵達觀之勝地迺樂善之奥區廟有田壹頃餘可以易榱楹可以鮮赤白然而緇流託足覺路迷方袈裟并忍尋之衣石鉢作謀生之具飽其私橐蔑我靈宮故曜日之紺宇將頹應宿之靈光欲突族叔克敦之子之瀾等於嘉慶

十年詢耆舊捐資產俾幹事者新後殿與兩廡以中殿臺門爲巳任逾年功成石楹磊砢雲棟嵯峩金扉炫晃瓊壁含瑳觀其雕刻則靈禽剔羽怪獸磨牙察其畫圖則羣卉衆夥遊仙婆娑昔之猶樸下窄者今巳睽罘庨豁矣昔之黝昧晢陊者今巳崴嵬硉矹矣神光煬而來雲蓮座開而朗月可謂闢前人之遺規建累葉於不拔矣工訖命余記之余學等蝦囊材慚散木然而觀茲盛舉特昭布墜之功勳我壯懷敢玷貞珉之勒

元帥廟（新纂）在縣東二十里崇信鄉

湖清廟（道光李志）在縣東二十里八九十都祀筮節鄉主

前壂廟（新纂）在筮節鄉湖頭乾隆五十九年州司馬魏詩捨基捐建捐滴戲田十畝又捐輪修田二畝

靈山廟〔道光志〕在縣東三十里十二都許宅祀靈山鄉主〔新纂〕同治元年寇燬六年重建

漁溪新舊廟〔新纂〕在金庭鄉明崇禎時建國朝同治二年重建又碑坑口有將軍廟咸豐二年建

關帝廟　元壇廟〔新纂〕在漁溪道光間先後建

覃山廟〔夏志〕在縣東四十里以奉龍神前臨大淵上下有五潭龍居之禱雨輒應〔道光李志〕祀金庭鄉土

白巖廟〔李志〕在覃山禱雨輒應世稱陳長官祠嶀浦〔考證〕在北鄉王在西天岳在南白巖在東故俗稱四柱神按郯志嶀浦白巖俱云祀陳長官而於城隍亦云神舊稱陳長官意長官威靈無往不著故祀之者衆耶

關帝廟　北鎮頭　湖神廟　艮墅廟　新纂在金庭鄉十四都華堂

亭山廟　新纂在十四都觀下

東石鼓廟　李志在孝嘉鄉世稱周宣靈王廟會稽俞公穀湖北紀遊聞宣靈王王名雄字仲偉杭州新城人母汪夢龍浴金盤□熙戊申三月四日誕王童穉以孝聞嘉定初母遘危疾晨夕籲天請身代郵言微終有顯神母促往禱王不敢母厲聲責之則抱悸往旋次衢閭計內忽隱逝舟中篙師胡伯二負舟結廬奉焉鄉之知王者時祇觴俎禮敬自後相傳謂王行神江以南咸賴之端平嘉熙間一時國事賴王王有翊應正烈之封而其事不詳

潘桐廟　道光志在縣東六十里十六都祀忠節鄉土

靈巖廟　新纂在忠節鄉道光癸未董學龍捐建置田

四十餘畝

元壇廟（新纂）在忠節鄉葛竹閣有文武帝

東嶽殿（新纂）在忠節鄉唐田

文武殿（新纂）在忠節鄉棠溪唐田壺潭三莊皆有之

稠木廟（新纂）在遊謝鄉十八都前岡樟家山大杉樹
鄭家塅等莊合建

水口廟（新纂）在遊謝鄉溪后下廟側向有水口菴道
光閒呂姓建祀謝仙君

太保廟（新纂）在遊謝鄉仁村前明時建多禱驗後將
圯　國朝同治五年里人拓基重修十月社會

乾坤廟〔新纂〕在十八都陶村施家合建

長坂廟〔新纂〕在遊謝鄉長茅後王坂山頭宅社壇何村合建

下童廟〔新纂〕在遊謝鄉十里亭乾隆間童王兩姓倡建因仙君祠在强口不便祈賽故分建於此置田演戲

鎮西廟〔新纂〕在遊謝鄉石舍莊烝頂山麓道光十五年任姓建監生任星躔派助田二十畝

龍山廟〔新纂〕在縣北十八都張墺祀遊謝鄉主同治元年燬汪承垌宣道捐建

禹后廟新纂在十九都裏坂莊村後横寸山頂有墻龍亭里人捐建

禹王廟李志在縣北遊謝鄉禹糧山禹治水畢功於此後人立祠祀之

謝仙君廟新纂在縣北八里遊謝鄉漩水灣祀謝靈運丹姓捨基與黄山頭樟樹下同建燬同治間拓建尹步青董之

東嶽廟新纂在遊謝鄉二十都仙巖鎮道光十年王維甯捐建

舜帝廟李志在縣北五十里靈芝鄉二十一都舜皇

山卽嶀山之南嶺鄉人置田贍僧居守　國朝康熙間比邱尼惠超構佛殿於後

嶀浦廟　嘉泰志在縣北四十五里以祀陳長官額曰上善濟物侯杜春生越中金石記神名廓王梅谿嶀山賦曰陳廓漂流寶慶續志云神睦州靑谿縣人酈道元水經注云廟甚靈邑有水旱必先致禱

夏志宋嘉祐七年七月朔鄉貢進士何淹爲知縣高安世作記曰縣北曰嶀浦有廟神曰上善濟物侯貌像嚴畏告人吉凶禍福若谷答聲雨霆陽旱罔不應祈詢諸廟宇得石晉天福誥敕郞侯始封侯姓陳氏爲台仙居令始過此目山水之勝絕有志而宅焉官休維舟遽爾覆溺靈氣發越使吾民祠天福初中原板蕩干戈不息侯有神兵之助生以美政字吾民死以靈德福吾民復能以陰兵勝敵安固社稷功烈若此之盛豈無銘刻以傳信後世只綴所聞以刊於石　慶元乙卯丞相謝深甫請

加封詔賜額曰顯應四年知縣劉棐周悅重脩嘉泰
三年學士樓鑰記見文翰志嘉定十三年知縣趙彥博重
脩　自記曰彥博慶元六年庚申任五羊船司管庫夜
夢謁一廟下灘舡四十五里瞬息至廟見神人語
曰吾廟頹圮君爲我脩之覺而不省所謂但默誌諸
心嘉定丁丑瑱換偶嵊邑闕令承之此來以其年十
一月到任次年戊寅承旱荒之餘民掘草根以食饑
殍相望遂行賑濟以活饑民繼而雨暘時若歲獲中
稔己卯正月友人李謙自都下就館於台舟宿嵊浦
夢神人告之曰爲我語令君可以爲我脩廟矣謙以
夢來告始瞿然自省日二十年前得此夢今其應矣
乃命鄉僧德輔亟往度所費仍請黄仲良董其役戒
之曰鳩工興役百費皆官自備一毫勿擾於民於是
涓仲秋吉辰興工牌亭已仆不留片瓦乃爲建立前
廊五間頹壞殆盡重爲興起棟梁撓敗者易之柱石
傾斜者正之泥飾丹雘罔不全備至庚辰孟夏畢工
敬備牲酒告成於祠下廟宇一新神人驩洽夫嵊之
爲邑山田多而港門狹山田多故晴未數日則以旱

告港門狹故雨未數日則以水告諺有三夜月明抛
旱狀一聲雷響便撐船之語彥傳不才兩年爲民祈
禱水旱隨禱隨應曾無留難兹非神之默相與神之
威稜感應具載前碑兹不縷述姑誌其修廟之終始
云

國朝嘉慶十九年舉人徐建勳貢生沈鶴林等
重脩知縣田捷元有記新纂道光二十三年二十一
二兩都分脩同治八年靈芝鄉合脩

動石廟李志在縣東北靈芝鄉二十二都動石山

西石鼓廟嘉泰志在縣西二十里崇仁鄉吳赤烏中
建神稱護法越王夏志山有石如鼓人履之輙響答
郡志剡多石鼓廟郡聚往往有
之歲常以春秋祭皆能福其民

石姥廟府志在縣西六十里

三女廟　〔李志〕在縣西二十里烏石衕廟右有三大塚相傳塚中磚勒梁大同年號

文武廟　〔新纂〕在崇仁鄉二十三都溪灘乾隆間建同治六年重建

蘭山廟　新廟　太祀廟　〔新纂〕在崇仁鄉下安田

龍王廟　〔新纂〕在二十三都官莊一在二十四都烏石衕一在四十七都湖蔭

偉鎮廟　〔新纂〕在崇仁鄉明萬曆元年裘移孝建　國朝乾隆五十年裘時芳重修旁有五福菴裘守德建

佐昌侯廟　〔新纂〕在崇仁鄉咸豐四年裘萬清等倡議

捐造殿宇後廳右側建文昌閣下設施茗所置田十餘畝又置收字紙費田三畝餘

茅廟（道光李志）在縣北二十四都南宋初勅封顯英侯廟初建於漩水岡下大坪明洪武中改遷後門岡今移建流水岡嶺頭山按神姓陳名德泰東漢會稽人夫人袁氏子孫世居德政鄉屢著靈異世奉祀焉

木馬廟（李志）在縣西北孝節鄉頗著靈異

文星閣（新纂）在二十六都福泉山麓祀文昌帝君閣下祀胡侍郎附貢馬季常倡建

水口三廟（新纂）在孝節鄉踞仁村水口西爲關帝廟

東爲靈濟侯佐昌侯二廟夾溪鼎峙沿隄多植柳掩映溪流

六仙姑廟（新纂）在孝節鄉距仁村里許元時姊妹六人避流寇於此聞警同赴井死寇退里人出其尸面如生爲合墓以瘞之卽於其地立廟甚見靈異

東鎮廟（道光李志）在永富鄉五廟之東明宣德丁未裘睇建　國朝乾隆辛丑派孫重脩尋圮道光癸未派孫慶華世福倡捐重建

南鎮廟（新纂）在永富鄉

西鎮廟（道光志作顯應廟靈佑侯祠）（周志）在永富鄉吳赤烏二年

建（嘉泰志）神嘗爲令此邑有惠政廟食於此久矣失其姓宋宣和辛丑睦寇起蔓延旁境魔黨響應剡縣屠戮焚傷尤酷一夕四山旗幟車蓋隱隱出入雲間見者咸疑神游而廟不存矣卽之廟果煨燼未幾又復見如前日之異若返旆而來賊徒驚呼曰天兵至矣遂自相攻殺官軍未至賊已殲盡永富崇仁兩鄉以全相與盛築廟宇旱潦疾疫祈禱益驗紹興十一年上於朝賜額顯應乾道九年姚憲爲諫議大夫率鄉社陳府上之省寺詔封靈祐侯（新纂）旁有毓慶菴

北鎮廟（新纂）在永富鄉旁有福慶菴

東嶽廟（新纂）在永富鄉裘立武董其事旁有橋頭菴

曹娥廟（新纂）在永富鄉

文昌閣（新纂）在永富鄉一在張家莊東明萬歷間張爾諧建

五龍廟（夏志）在縣西北四十里永富鄉二十八都奉龍神有五潭在烏猪山之巔世傳昔有五大冢居巖嶼中白道猷飛錫望山有黑氣狂風猛惡循澗而上用法降之化爲五龍

三義廟（新纂）在永富鄉二十八都上相嘉慶五年相孟義重建

仙帝廟（新纂）在永富鄉二十八都坑口

靈輝廟（嘉泰志）在縣西北三十里永富鄉二十八都張家莊廟碑神姓馮晉時山陰人結廬瞻山之麓後入天台不返人以爲仙去跡其故址構小祠祀之水旱疫厲祈禱輒應鄉民謂之靈感王宋乾道八年賜額靈輝遂遷其祠於宅東顏曰瞻山廟明萬歷時擴其宇　國朝康熙甲寅寇變夜間見神燈往來寇懼而退（新纂）咸豐辛酉冬粤賊竄平水竄嵊道經楊棚嶺馬不前見一白髮叟鋤地問之云此無路忽不見賊駭詫遂别竄逾數日賊又及其境馬蹶徑去後遂

不復至咸以爲神祐云

五廟　李志　在永富鄉宋時有五姓聚居之地故名祀

太祖明王廟宏整歷久不傾亦無蛛網門左鼓石人

偶觸之輒震響再舉則寂然　國朝順治間裘氏修

之道光李志　乾隆間裘氏重脩

溫泉廟　李志　在富順鄉

關王廟　新纂　在富順鄉三十都金貂嶺下旁有望梅

亭施茶又有金田堂廟與裘家同建側爲鄉主菴

永富廟　新纂　在富順鄉西青莊

胡公廟　新纂　在富順鄉三十都前村街下置田地十

餘畝旁有懺堂菴俱闔邨捐建
鄉主廟〔新纂〕在富順鄉雅安孫仁發建
來山大廟〔新纂〕在富順鄉穀來道光十六年監生黄奕珍董建
沙石廟〔新纂〕在崇安鄉三十三都王家寺莊
白鶴廟〔新纂〕在三十三都道光間淡竹莊裘政相捐建
上蔡墅廟〔周志〕在縣西崇安鄉三十四都蔡墅邑人夏大有捨基重建
崇安鄉主廟〔新纂〕在三十四都樓姓建

崇安鄉主夫人廟（新纂）在三十四都咸豐九年貢生丁汝桂倡捐拓建

七仙姑廟（新纂）在三十四都溪西

朱相公廟（新纂）在崇安鄉史家培斯復桂袁書楷等捐建

萬石君廟（道光李志）在羅松鄉三十五都祀羅松鄉主

太祖廟（新纂）在三十五都前家杭咸豐六年史善梁同妻張氏建

三賢廟（新纂）在羅松鄉

朱葉相公廟　【新纂】在羅松鄉三十五都袁家袁德顯捐演戲田十餘畝

響王廟　【道光李志】在三十七都祀剡源鄉主新纂咸豐辛酉燬同治戊辰錢登麒等捐建

五王廟　【新纂】在縣西剡源鄉瓊田燬同治丁卯錢姓重建

武肅王廟　【李志】在剡源鄉邑人錢宇之建祀吴越王錢鏐考證【通志】吴越王錢鏐微時即驍勇有智略唐啟三年擊斬越州劉漢宏有功拜刺史景福時陞威武軍乾寧二年董昌據越州叛鏐擊取之進鎮海鎮東軍節度賜鐵券天復二年封越王天祐間改吴王梁開平元年封吴越王二年册尊鏐尚父三年鏐卒

諡武肅

朱相公廟【新纂】在剡源鄉邑中有朱興葉並祀者而朱廟爲多以歲旱禱雨輒應也旗號佐昌侯實莫詳其出處

大清會典稱爲正直之神

太平鄉主廟【道光志】在縣西六十里太平鄉【新纂】同治六年三十八九兩都拓基重建左淨香菴旁設遠塵亭施茶

仙姑廟【新纂】在太白山巔廟前有石如盤曰仙女盤【剡錄】仙女盤水旱暵不竭相傳七夕有仙女沐於此

威勇王廟【府志】在縣西三十里

惠應廟 府志在縣西六十里舊號蘇明王宣和四年

賜今額

保邦興福廟 府志在縣西六十五里

陽明廟 夏志在縣西六十里長樂鄉靈蹟昭著明洪武戊辰錢則敬等脩永樂中戸役騷擾廟燬於火錢三老等重脩葺 山陰鐘續記隸嵊之鄉二十有七鄉各有廟以祀其所謂土穀神者雨暘之極轄於此而樂焉長樂之陽明府君其一也府君之封爵位號志錄失紀無所於考而肖像冠服府君祀上公厥妣視夫人雍肅端靜之容見於摶埴之外望而知其爲聰明正直神也靈跡昭著鄉人畏敬焉元季隣境盜起大肆刼掠及境望見人馬旗仗甚熾盜驚多自躪死一鄉之人遂不及難繄神之力也洪武戊辰廟將壓鄉之耆儒錢則敬武肅之十四世孫也率衆葺完之閱歲滋久鼠穿蠡蝕不芘風雨覩者

慨曰廟所以安吾神之靈也廟垂圮矣靈其妥乎弗
葺神將焉依會旱魃爲沴不雨者逾月溪壑斷流原
隰之稼可燎鄉人禱之不荅僉乃矢於神曰吾儕所
不與廟事者有如皦日越五日雨大澍民情協孚實
永樂十四年六月初六日也是冬錢氏三老曰子溫
文禮子道戒其妹好重率里中愿士掄材庀工差日
維穀仍其舊而新之宏中爲寢以嚴像設左右有翼
敞以中霤軒其前爲四楹兩扉敞焉東西暨北繚以
迴廊爲間一十有九以板代牆外施丹渥煒然增輝
內則重以列壁圬而堊之繪神出隊入隊之仗丹彩
烜赫郎神之庭者肅敬之心生焉他若鄉几供具欄
楯庖湢罔不悉備始於是年之十月二日斷手於明
年之某月某日凡用材木以株計者二十有五欂櫨
侏儒之需不與焉石灰以斤計二千九百磚若瓦以
枚計塼二千有奇瓦三萬有奇好重來致子溫甫之
意曰府君之福吾鄉鄉人所以祗奉府君者不可無
述乃疏顛末之屬余記之按祭法能禦大菑則祀之能
捍大患則祀之若府君者可謂禦菑捍患者非歟故
不斁而爲之記三老則倡其事毛志剛裘孟達則贊
佐之董其工而規畫之者則好重也蟓財以助者則

錢子必子敏過可辰子記其事仍作盧山之迎神送
神曲二章俾春秋鄉民歌以祀府君云迎神　籃之
鬼穢日睎敞靈宇啟兩扉歙洞簫伐鼉鼓風泠然靈
來下叶奠椒醑蘭殽蒸靈剡剡雲憑憑靈𣃁饗嗜飲
食薦芳馨維明德靈連娟我人叶宜稼穡可福綏
送神　籃之茫靈雨冥叶司闔闢順陰陽風爲輪
雲爲蓋叶景翳翳靈將逝陰飈馭還雲車叶服斑虬
驂兩螭叶靈將逝青山下叶迓靈轡籃之野叶靈不
留可奈胡歌窈窕昭靈休叶　天順中子道幼子好正重脩新纂
國朝屢修葺咸豐初新之正殿左右十殿錢沛建餘
皆闔鄉捐建錢肇昌等董理　嘉慶初鄞人陳道仔畫松鷹於正殿正殿神座後壁天晴陰生氣勃勃筆有神識者寶之正殿本議拓建因借畫不忍撤壁僅高其故址重建之辛酉粤匪入村盡被塗寇退雪其污而下半壁墨跡較褪矣

武肅王廟［新纂］在長樂鄉四十都雙溪橋北道光癸

末錢釗建乙巳子沛重修

晏公廟【新纂】在四十一都長樂鄉錢珣建咸豐間圯

裔孫拓建

朱相公廟【新纂】在長樂莊明錢敦禮建　國朝道光

壬寅裔孫釗增廓之置田三畝零

曹娥廟【新纂】在長樂鄉東明成化間錢文化剏建右

爲聚福菴

胡公廟【新纂】在長樂莊南之篁峰元時錢光瑞建前

爲元壇廟後爲篁峰禪院　國朝嘉慶丁丑瑞裔孫

重修道光甲申錢釗助七百餘金落成之

元女廟〔新纂〕在長樂郵南黃泥塘道光丙戌錢劍拓
建置田五畝零構亭施茶

觀音廟〔新纂〕在長樂郵西南上寨嶺道光間錢劍建
旁有路亭

關帝廟〔新纂〕在長樂莊西北隅

太祖廟〔李志〕在縣西六十里四十二都開元鄉

汪公廟〔新纂〕在四十二都開元鄉沈大灣莊居民俱
姓操其上世自南京來神亦其鄉所祀者靈應甚著
咸豐辛酉冬粵孽擾嵊搜牢至其莊輒層雲四布復
大風雨如是者數次賊乃裂旗書福字壓巖石而去

後竟不至

白鶴廟【道光志】在縣西積善鄉四十四都祀積善鄉主

大王廟【新纂】在縣西四十里積善鄉四十五都

王右軍廟【新纂】在縣西桃源鄉獨秀山之麓四十六兩都祀桃源鄉主

朱尚書廟【周志】在桃源鄉四十六七都上朱莊祀梁尚書朱士明【新纂】相傳朱有神術能駕雲霧梁時官吏部尚書詳見人物志永明中捨基建青林寺即今顯淨寺也中有白鶴井水甚清美鄉人思其功德爲立廟

於青林寺右春正十二日例懸大纛以卜歲纛高五六丈樠木爲架植木爲幹析竹爲腔飾以紙五色爛如囷圍用巨索維之下作紙浮屠七級中絡大圈漸高漸小頂肖觀音像面所向可以卜歲之豐歉云水旱疫癘禱輒應夜闌神燈熠然自廟出廟制舊僅三楹後燬於蟻咸豐丁巳里人尹大森吕元泰等捐修拓建前廳及東西廡東廡吕元功建西廡吕元芬正和學純建規模加於舊東陽趙㮚珠有碑記

楊廟道光李志在縣西清化鄉四十八都祀清化鄉主

潮陽廟新纂在清化鄉桂山宋時建同治戊辰里人重建

文昌閣　新纂在四十六都支鑑路道光丁未年建

朱周鏡廟　新纂在四十八都朱家堰

阮公廟　胡公廟　新纂在禮義鄉大巖灣

晏公廟　新纂在五十一都高田旁有東鎮菴康熙時建同治八年張王童三姓重建

元壇廟　新纂在禮義鄉求杓坂豪嶺寶溪石岱山三莊輪祀

凌溪閣　新纂在五十一都大邱巖陳鯉庭建

關帝廟　新纂在禮義鄉五十二都蒼巖

鄉主廟　新纂在殿前莊祀禮義鄉主

婁三將軍廟 〔新纂〕在禮義鄉寶溪同治元年冠巖四年士民嬀金重建諸生張錦春董其事

東嶽廟 〔嘉泰志〕在縣北一里〔周志〕今在渡南名南天嶽廟〔李志〕在昇平鄉世傳於兵事有功 國朝康熙十二年諸生宋大猷建考證神異經帝出自少海氏母曰彌輪仙女號金虹氏自伏羲來掌天仙六籍掌地獄六案以及貴賤之分死生之期迄周秦漢魏俱稱天都府君唐武后尊爲天齊君元宗封天齊王宋眞宗祥符中封禪始加仁聖帝明太祖正五岳祀典曰自有天地即有五岳何假人世名號止稱東岳之神 道光李志乾隆三十八年大猷裔孫重修〔新纂〕道光癸未大猷裔孫改建中殿同治四年大猷裔孫同僧可見徒本宗重新道光志東嶽舊址在北門外嶽廟山之麓

華表尙存相傳奉神
意遷今所遂著靈異

潭過廟【李志】在縣南昇平鄉五十三都祀昇平鄉主
【新纂】廟東有菴咸豐辛酉並燬同治七年六堡重建

後廟【新纂】在縣南五里宓家袁王宓三姓捐建

渡南境廟【新纂】在縣南高家道光二十年紳耆高心
鈺等重脩

馬太守廟【新纂】在縣南八里五十三都南田

夫人廟【新纂】在縣南十五里碧溪夫人不知時代姓
氏相傳隨父來嵊舟過碧溪父失足溺水夫人號泣
奔救亦溺焉舊有烈並曹江扁額

文武廟　新纂　在縣南二十里五十三都黃泥橋

始寧城隍廟　李志　在三界古始寧治也有廢廟居民葺以祀社　吳鉉始寧城隍廟記廟去縣六十里三界寧縣治東晉咸和間中原人物遷隱於始寧者甚多王謝其最著也隋之開皇併於會稽唐貞元二十一年洪水衝決大壞民居今之大江即古之官巷也由是縣治廢而神祠尚存自漢晉唐宋元明歷千餘年如一日至於今不城廓而山溪自勝也不墻壝而蜡臘相承也不辟雍而多士之禮樂彬彬也不木鐸而比屋之相親相遜猶然太古遺風也樓聳轟星圖凝四望互相輝映文昌耀彩武曲揚標並增赫濯廟之南爲皇華駐節之區車馬往來冠紳雜遝無燥濕之患盜賊之虞實神有以相之也德政名鄉太欽名里民安物阜居然巨鎮一十三社春祈秋報靡敢不恭水旱疾疫禱無不應其卵翼吾人如慈母居舊壞而食舊德歌思勿諼永爲始寧遺跡云

江西東嶽廟【新纂】在縣北六十里德政鄉嘉慶甲戌吳啓虬紀

署城隍廟之南有公館爲皇華駐節之區舊設官廳三間有廊房有郵亭有門繚以垣牆前 明時知縣臧鳳徐恂萬民紀等相繼葺修屋以不壞 國朝康熙九年知縣張逢歡典史毛鼎鉉重加整理改作營房以後日漸崩頽向存公館故址不意今日之爲新嶽廟也嶽帝雕相向在城隍廟張神殿左角乾隆初年好事者因以賽會事畢則漫焉置之以登封望祀之大神而聽夫村婦愚氓之玩褻此其理固已非是而廟有專神無所定其位置則是褻神而適以慢之罪更浮於季氏矣乾隆五十三年故福建邵武縣知縣鄭公文蘭時以孝廉家居常謂泰山之神尊踰侯伯既非民庶所得致其奉承而尤不宜置之潮神之側每欲付諸水火還之太虛而其族雲蛟方將斂貲作廟冀邀神貺也于是商諸吾族聽五峴山二君議於公館故址另闢殿宇爲東嶽棲神之所詢之衆論皆以爲然聽五老不任事因令從姪啓虬同族崑山與鄭公文蘭雲蛟朱文德等連名具呈請於邑令唐公仕墉准許改建於是舊時皇華駐節之區竟爲東嶽

岱宗之府矣神殿三楹非舊日之官廳也門闢三間非昔日之郵亭也旁無廊屋左有僧寮新故異觀滄桑屢改吾恐後人之不知所從來也是爲記

後浦嶽廟〔新纂〕在縣北三界東岸後浦廟創於乾隆間同治初燬八年邑四都十八廿二都三界與虞邑十五都議董集資重建

回向廟〔李志〕在會稽界爲德政鄉祀社之所〔道光李志〕國朝乾隆二十七年會嵊二邑令詳請各撥銀四兩春秋致祭嘉慶戊辰監生陳墫鳳等拓基重建社人共襄成之　吳光庭記神姓陳諱德道會稽人也生東漢永元己丑四月四日以孝友節義爲鄉黨推重永建戊辰年四十忽語人曰今生辰余死期也死當爲汝鄉主至期沐浴焚香端坐而

逝空中聞鼓樂聲衆異之爲立廟蔣岸橋之岡廟南向吳赤烏已未一夕風雨驟作如千夫簇擁萬馬奔馳狀侵晨視之廟則東向矣鄉人益神其事合會縣數萬家聯爲三十六社式廓其廟貌而顏之曰回向所以祀之者彌虔而神之福吾社者亦彌至之尤能爲國家捍大患宋末帝昺遁於元師由越至東甌經駐蹕嶺禱於神得安行無虞明太祖取暨陽命謝再興守之敵將呂珍率師十萬圍至月餘樵汲俱困神往還雲端呼陷陣者再呂珍乃遁時李文忠援師適至以神有勳勞疏請褒贈不報嘉靖三十四年倭寇自定海登岸所過殘掠甯紹兩郡官軍莫敢攖其鋒由曹江抵清風嶺嶺上有王烈婦祠烈婦化人汲水誘賊入祠突見金甲神自外至奮戈格殺官軍夾擊之殲寇殆盡官軍意鄉兵也祝之寂然始相顧錯愕謂神與烈婦之靈再拜稽首去有司上其事烈婦以是得封而烈神廟不與天啟六年會稽余殿撰煌備疏功績奏詔查核撫按覆奏又格於部議至今祀之人每以爲憾予曰是於神初無加損也雖然以神之靈歷千百餘年福國祐民炳炳若此必有錫命用光祀典謹書其事以備採擇神兄弟三號稱三鳳殁俱爲

神伯主嶀浦叔主剡之東鄉並著靈異云【新纂】咸豐七年

敕封保安同治元年寇燬社內捐資閭式芬董建

大舜廟【新纂】在縣北七十里東土鄉五十六都舜皇山之巔前瞰長江後臨曠野遠山四圍煙村掩映溪山絕勝處也神最靈異 國朝咸豐間監生孫獻廷籌捐重建精工絕倫同治元年正殿後殿寇燬獻廷集資建復

祠

倉帝祠【李志】在關帝廟之前 國朝乾隆元年布政司桐城張若震檄飭各郡邑收惜字紙五年知縣李

以炎捐俸率紳士建祠爲借字之會〔徐渭路史〕倉帝史皇氏名頡姓
侯岡重瞳號四目翁禪通紀頭雙角四目靈光龍顏
侈哆河圖玉版云倉頡爲帝南巡陽墟之山臨于元
扈洛汭之水靈龜丹甲青文負書以授遂窮天地之
變仰觀奎星圓曲之勢俛察龜文鳥羽山川指掌而
創文字形位成文聲具以相生爲義天爲雨粟鬼爲
夜哭龍乃潛藏河圖說徵曰倉帝起天雨粟青雲扶
日帝壽二百十五歲崩有五鳳萬鳥啣土成墓在河
南開封府東北利鄉亭南〔一統志〕載墓在陝西白水
古彭衙地頡彭衙人也〔述異記〕載墓在北海俗呼藏
書臺　國朝浙江巡撫襄平盧倬倉帝祠碑上古結
繩而治不立文字迨蒼帝效像而書契始作闡先天
之秘啟後天之機紹千聖之傳垂百王之法用以宣
教化紀事功別是非明好惡均此六書之制用通乎
萬事而不遺故字者實百代典章之祖也今
天子重道崇儒昭同文之治山陬海澨鄉塾里社靡不菲
枕圖史市夫門卒村豎野者亦能通曉翰墨良由人
遵
聖諭家重遺經胥在仁涵義育之中致臻斯盛而於黨庠

術序復有
欽頒典籍以供士子編摩其敎思所被無遠弗屆矣乃檮
昧之輩以我
朝雕本日多得之甚易不復知古人編韋書漆之苦怠
心遂生由是剩墨殘篇委棄不可勝紀此亦有司之
責勸導其可緩乎余奉
命移撫兩浙而皖江張君先爲此邦牧伯重以惜字爲訓
諄諄命屬郡邑立法措之檄下皆翕然從令而越州嵊
縣李令奉教尤謹適與邑之好義者卜地於鹿胎山
之陽剏倉帝祠三楹歲春秋祀以牲醴返本報始禮
歟更爲沙門氏謀贍田若干俾得專職而請予言鑱
諸麗牲碑介思爲政之道行一事務布以實心斯於
事有成而於民有裨惜字固非政之大者然示民重
文教尊聖賢敬鬼神惜福命之意均於是乎在此牧
伯之所殷殷爲訓而李令能殫力經營以成之由斯
以推凡有關於民生休戚之大者其能職之以實心
視此矣是爲記并系辭以侑神焉辭曰神之生兮明
四瞳矚奎象兮環高穹書契作兮開鴻濛應萬事兮
神之功惟我
皇兮景祚融合九有兮車書同申懷柔兮祀典隆告百神

兮肅百工奉茲神兮宜加崇字之祖兮文之宗卜名山兮於剡中飾丹艧兮營朱宮施者博兮報則豐幽顯判兮精誠通佐
聖化兮揚休風歷萬禩兮夫何窮（新纂）同治五年僧碧光募脩後爲寄士祠僧普慧募建士民或助田或成會四時致祭

忠賢祠（新纂）在鹿胎山東惠安寺西側道光二十五年劉姓建并立春秋分會田　邑令敖彤臣紀

皇上御極之元年余承乏莅嵊明年壬子春余公出道經惠安寺入而遊矚西達忠義祠乃劉氏所建以祀宋忠顯公韐忠定公子羽忠肅公珙忠簡公頜忠烈公純武穆公錡及明季忠介公念臺劉子子祠前爲家廟額以五忠於追報中寓崇德尚功之意肅然起敬曰劉其有人乎適邑西太平鄉士民繕治萬金隄環請履勘得晤明經劉君安亭談次論及在城忠賢祠始悉制實劉君所肇書必儀之丐余紀顛末以示來者

會遷德清不果。六年秋銜憲命入嵊勘荒公事畢，諸生餞余於惠安寺，劉君復出建祠緣畧求記。展視之，知劉君以郡城水澄劉族舊有是祠，欲倣之而艱於貲。族子漢川之邅曰陳，奇朗有爲，初偕嫡裔承所天命於大宗祠南立祠祀小宗文敏下裔，故乃竟之。劉君多其義，邀族衆立孤啟瑞，且擬與裔並請旌。陳聞劉君欲創是祠，念坊之榮寵祗一身，祠爲一族光，願輟坊以建祠。病革，命孤啟瑞以三百金券畀劉君。安亭樂其輸，襄事以成陳志，仍爲請旌。余乃喟然曰：賢哉陳！一婦人竟能不以一身之榮寵，卒之舉族樂予，上邀旌典，榮寵益彰，此其過人遠矣。祠制正室四楹，分間者三，翼以廊，左續寺，右廡。於室爲龕三，中祀忠賢七，左列族之有功德者，右則裔與陳。經始道光乙巳，匝朞而竣。

崇義祠（新纂）在城中清河坊。同治五年購喻姓屋爲之

翰林院庶吉士蕭山蔡以瑺碑記

天子嗣位之三年粤孽既平東南鏡砥凡窮鄉僻壤仗義捐生者大吏以狀上於
聖朝悉蒙褒錄恤蔭有加並
允各州縣建祠歲祭以妥忠魂而嵊之崇義祠於是乎昉嵊故稱佳山水生其間者累朝多忠亮士帳忠貞王節愍之風烈千百載後猶凜凜也咸豐辛酉歲粤匪擾浙越郡失守嵊亦繼陷既閩境遁蹂躪而賊之竄台溫者必道嵊賊之竄婺州者必侵軼嵊嵊人苦賊甚抗賊亦益力其磊落負奇節者輒裹糧荷戈梟牢義旅與賊爭一日之死命不勝則駢以殉呼何烈也次或孑遁荒郊猝遘豺虎延頸飲刃正命自裁者難縷指數焉殆忠貞節愍之風烈有以提倡之而激發之者乎不然胡舍生取義之多也嗚呼自軍興以來公侯卿大夫之寄外閫擁專城者往往恇怯若處女聞警則跳以免甚或達節自文靦然仍厠於軒冕而不顧藐世之唾罵彼則傎矣草莽中若此其廟食百世也宜哉都人士爰就鹿山下構祠奠主祭以十月初五日蓋賊之入嵊在是日而次年去嵊亦是日也畢祭則歸脤於雖裔無不徧示尊其先者無忘其後

也祠若干楹祠產若干畝廉其賢能者董正之綜覈出入畢有條貫亦以杜侵蝕規久遠也若婦女則別祀貞烈祠而祭法如之簿正所需仍取給於祠產所入焉其經畫周悉爲何如耶予故嘉嵊人之嚮義而樂記其崖畧壽諸貞珉以見不負
朝廷旌勸之意云爾　置祭田一百畝弁

置崇義節烈二祠歲修田五十五畝

節烈祠道光李志作節孝祠省志在縣治百步街東國朝雍正五年知縣張泌奉文建道光李志乾隆五十三年知縣唐仁埴遷寶性寺東唐仁埴記志載縣之風俗稱閨閫爲最肅女事女紅婦脩婦道其爲婦者或不幸而遇人不淑率能完貞矢志競以節聞考列女自晉公孫夫人始鈕滔母孫氏爲作序贊者也嗣是而梁而元而明以逮我
朝或節以烈全或節兼孝著葢比比矣其建爲祠以祀淑自雍正五年甚盛舉也間覽嵊之爲縣山葱秀而重疊水清澈以縈迴固宜有靈珍瑞鍾之於人而人

之爲女子者亦且標特行而世出如志所云凡有未亡人皆得旌表是也又其地介台越前代多當兵衝海賊獠寇尤甚死於虜者志不一書焉其冰霜水火之操誠有巾幗可媿冠裳者乃忠臣烈士俱得磊磊垂名汗青而婦人女子之以節傳者蓋鮮獨此區區之表其墓與廬俾鄉里哀苦志序其行與事於邑乘而享祀之數百年上數百年下幽芳共序一堂用相慰藉亦可悲已余以今年春奉

命承乏茲土式其祠椽斷垣頹而瓦礫糞草咸爭此上阯蓋適當城中百步衢之東側市廛錯雜處也余喟然曰此非作宰者之責乎夫民社之重大端二而已農田以養瓜瓞果蓏之細不可不知而五穀其本學校以教學問詞章之美不可不講而五倫其本詩不云乎民之秉彝好是懿德前此之所以有祠也曾幾何年而墁堊不飭馨香不餕地不潔淸俗不嚴肅其何以教爰訪節婦諸後人王念祖崔貽穀等謀擇地而遷之有明倫堂之西偏隙地一畝余且色然喜喜以關風化之人倚風化之地其得所也乃度土木所需急捐俸錢以爲之倡尅日興事列屋數楹以居其主表以石坊繚以垣牆供以香火咸驩然曰自華

亭袁公秉直濟甯李公光時莅任以來繼蓄此志顧八年於此而未果也今而快落成矣余既覩厥成若釋一憾者然遂約畧重建之由而爲之記抑更有望焉其在志於公孫羅烈婦事多佚其夫名陳婺妻佚其氏又凡載其姓氏夫家而不紀其行實皆爲之後者無家傳以傳於世故若此潛德幽光惟壼内易爲淪没必子孫能述而實之則如古之能文章者采風所及庶皆有所据矣夫〔新纂〕咸豐辛酉冦燬同治五年合邑重建額曰節烈置有祭田五十畝祭與崇義祠同日以每年十月初五日爲期

惠獻祠　〔李府志〕在縣南一百十餘步　國朝乾隆六年闔邑紳士商民呈請建立祀甯海將軍固山貝子福公喇塔用報全城之功提督裴鉽庶吉士魯曾煜皆有碑記而以知府許宏勳參將滿進貴知縣張逢歡配今已傾圮李志

會稽田易平定浙東紀畧康熙甲寅三月二十四日靖南王耿精忠叛於閩直犯浙東連陷常山諸縣伏莽騷動紹郡奸民亦羣起應之如金國蘭邱恩章楊四邢起國胡雙奇王稅俞鼎臣等僞稱都督總兵者凡四五十人各擁衆互爲聲援時郡中防兵奉檄調援三衢存不滿百於是諸暨上虞嵊縣新昌之賊遂乘釁於七月十二日直抵博古嶺進逼常禧門鎮將許捷方合婚張樂置警報於不顧知府許宏勳集家丁民壯得數百人分道出擊斬首百餘級日晡賊從南門渡河攻稽山門門故僻隘又城垣傾頹不可守宏勳連夜堵塞并撤春波橋遏賊之衝復命善射者從陴隙叢射多應弦斃有肉薄先登者則推巨石擂壓之賊又從箬簣山渡河移柵五雲門縱火燒民舍城中多賊諜謀内應宏勳令家懸一燈人自爲守晝聽與販夜禁行者羣黨因不得逞次日賊攻五雲門宏勳部署士馬啟門出戰斬首四百餘級溺水死者無算十五日會城甯郡援兵至乃啟常禧門出師襲擊郡圍以解而散之他邑仍肆横如故八月大將軍康親王固山貝子甯海將軍奉

天子命來討賊逆師次杭州商酌攻取次第貝子曰逆賊

甫叛而即寇浙是以浙爲藩籬也欲平閩必先平浙又必先平台台平而後取溫入閩勢如破竹矣康親王大喜嘉納九月貝子統兵赴台州將至嵊縣聞郡城敗回之賊復陷嵊城貝子曰嵊紹邑也介於杭台我前而彼後其能兩顧乎命參將滿進貴知府許宏勳知縣張逢歡急發兵殲之撥兵一千授以方畧凡殺賊百餘其黨分竄石山頭官莊溪頭上王蔣岸橋楊盛長橋等處貝子命把總馬國常防守縣城而檄參將滿進貴知府許宏勳都司王德輔守備周鳳滿明侯知縣張逢歡分路進攻一敗之於沼湖再敗之於崇仁宮順等鄉三敗之於長樂太平開元等鄉斬首其一千八百餘級奪還俘掠無算釋良民之被脅入賊者一百七十五人民慶更生而俞鼎臣趙亦賢等復合潰兵溯剡溪而上沿途刦殺貝子謂山谷險阻亡命依爲巢穴朝集暮散可計取不可力攻也乃佯檄班師大合僚屬鼓樂侑飲賊偵知亦卸甲劇飲至二鼓密遣進貴等三路進擊賊倉皇不知所措生擒邸恩章等九十餘人悉斬之貝子曰治軍原以綏民弭盜不全恃武餘黨之盤踞於山谷者宜廣招徠勿草菅民命也宏勳等遵諭奉行遂有原任尤溪知

縣虞敬道考授州同知虞卿監生章尙策等深入賊巢開陳禍福一時賁僞勑率衆歸順者以億萬計而王茂公揚四那起國胡雙奇金國蘭等復結聯土豪連陷浦江諸暨餘姚等縣官兵討之大敗於紫閬山而貝子所遣夸蘭大張碩志者又大敗王茂公於上虞之平家堡由是各邑之賊悉平按此則貝子之生全不僅嵊邑矣至攘除羣醜康靖海圍無關紹郡嵊邑者姑闕不書

它山祠〔張志〕在南門外明嘉靖初北向　國朝順治間徙城下南向〔新纂〕同治間里人重建〔李府志〕它山者唐太和中鄞令王元暐築堰捍江引它山水入小江湖灌漑甚溥民德而祀之奏封善政侯

張陳二侯祠〔李志〕在南門外即陳侯故址邑人以二侯捍水患有靈立祠祀之　國朝順治間南埠杜端宋龍等重脩道光李志一在四十七都甘霖鎭道光

乙酉里人重脩

龎蕭二公祠　（張志）在應台門外祀明廵按龎尚鵬廵撫蕭廩以知縣林森朱一柏配今廢（周志）均平有額辦坐辦雜辦二辦有定數雜辦煩而不經三辦皆十年輪轉九年併力一年而坊都之長當雜辦往往破其家（李志）嘉靖四十五年廵按御史龎公尚鵬均平額坐雜三辦銀力二差蘇東闗遞役萬歴十二年廵撫都院蕭公廩檄縣禁革糧甲里長折解及見面禮等弊百姓祠祀之

施公祠　（李志）在應台門外祀知縣施三捷（新纂）今廢

尹和靖祠　（李志）在縣治東紹興中尹焞乞致仕其婿邢純迎養於越第四世孫仲熙仲亨遷剡立祠祀之今廢（考證本傳）尹焞字彦明本洛人師事程頤嘗應舉發策有誅元祐諸臣議焞不對而出告頤曰

焞不復應進士舉矣頤曰子有母在歸告母母曰吾知汝以善養不知汝以祿養頤聞之曰賢哉母也于是終身不就舉靖康初用种師道薦名至京師不欲留賜號和靖處士及金人陷洛焞闔門被害焞死復甦劉豫以兵劫焞焞抗罵不屈夜徒步渡渭潛去紹興八年除秘書少監兼崇政殿說書直徽猷閣極論和議之非又書責秦檜乞致仕

喻公祠（李志）在縣司旁（新纂）在惠獻祠左崇禎己巳建向有祀田僅備春秋奠儀同治己巳裔孫坤助田十畝租額照鄉會試田式與祭者給胙照吳公王公祠式

邑令吳永祚碑記大人所稱元勳大老負濟世匡時之略爲國家奠磐石者豈乏人然自禦寇敵驅戎之外功高彝鼎止耳求其念切民依而留心桑梓之地興莫舉之利革難拔之害未有如養初喻先生其人者先生筮仕江右理刑時朝議開採命下騷然震懼兩臺憂之先生從容獨任爲之繪圖創設當

亡色動遂撤使不行及擢居諫垣中貴司禮監成敬亂政抗疏論罪置諸法餘黨側目忌先生近君彈覈搆孽左遷羅定州僉事時香山澳倭夷雜處紛然內訌廷議將興十萬師先生以單騎詣之指分利害散倭戢東南夷十數萬先後撫勦及遼惟切切焉肅軍足餉是計且禁免加派議薦將材甄別將領攻守奏禁璫監收稅爾時邊塞告警魏黨煽禍國家宗社幾危疏凡百餘上得先生筒為長城先生威歷中外踐更四朝旌旄所駐隨地生春余每私念先生之於宇內既若此其勤勞撫安於桑梓之地又當何如耶余自承乏嵊邑竊見秋米折色雖前令黃君廷鵠申請而實先生之力居多嵊向解觀海衛三所秋米至五千石有奇稱河運云時當新穀未升之候盡括以解邑中婁棍攬稱解運訴呼甚厲輸納者有駭竄絞繩之急投河服鹵之慘而莫之控其包運者又惟利是視即有湮沒紅朽仍貽累里甲然又不得不付之攬頭運包蓋攬頭與貪弁猾書朋比營奸極蠹不堪之事二百餘年以來無不痛心疾首於此先生憫然念此創為折議約豐儉而捐其平每石折銀八錢限期輸征以解事極稱便不累民而給軍儲請之臺院諸

司業允請而又梗撓於攬頭梟棍暨該衛貪弁猾書
先生仗義益力主其事而折議遂成抑神宗時倭餉
旣定嗣有閏月遊兵之派吏胥影射里甲疑騷先生
面言之撫臺行司嚴覆乃徹底清楚且愀然曰新餉
與額銀兼徵作偏者誰而弁髦成憲朘削小民致使
吏胥得以影射剝有限之脂膏塡無窮之溪壑大非
建邦伊始子惠元元之意何違祖制若是會全書有
編纂之令移書刑廳主者拳拳於新舊兩開以俟徵
信爲異日蠲除地不啻三致意焉蓋嵊自米得免運
民已無耗敝之歎而況閏派獘剔無復額外婪索坊
里重負宏恩此其功德蓋已家泳而戶濡之且其利
賴悠遠不止百世止也繼督南橋肇創先生規畫指
誨時皆駭難及告竣凡所以營度於始謀度於終者
一如先生之所指畫而民不集怨濟垂奕葉則施令
三捷之得舉是事亦先生成之也先生爲人慷慨貞
亮復恭和善下雖貴顯冠一世而宗黨鄉閭間每恂
恂如不及斯嵊之紳士黎庶莫不奉先生爲依歸卽
無折色剔閏月餉諸惠澤及嵊爭愛戴之況惠施七
十二坊里之大且遠乎爰於二司隙地之間斂貲建
祠春秋潔牲醴奉祀庶幾古人崇德報功之意郎顏

爲崇德祠祠成將貞之片石向余乞言余惟先生生平勞於王事鞠躬盡瘁艱險不避權奸必斥一本忠誠以抒其偉抱而凡所措施動關民隱無論居官居鄉一切有利議興有害議除會稽陶祭酒石簣嘗語余曰以聖賢之質而行豪傑之行惟先生有焉此殆以神貌先生者歟

靈濟侯祠〔道光李志〕在縣東門外迤東百數十武宋時建祀潮神陳侯〔夏志〕宋理宗紹定四年辛卯五月初一日敕金虜懷奸冒干神器幸賴潮神陳賢顯神通於蔡州颶風黑雨金人瞇目斬首萬級餘種歸降將卒疏奏是用褒封下詔有司立廟崇祀加號爲靈濟侯改署太尉堂爲靈濟祠涫祐十二年壬子八月十四日勅巨浸所稽祀無端倪洶湧澒洞窮東極西於是而能迴洑狂瀾迄無吞嚙非神之功豈人之力式俾侯爵聊慰輿情特封善應侯奉勅於右　寶祐元年癸丑正月十三日勅兩浙洪水爲患尤深幸錢塘潮神靈濟侯大顯神通逆風退浪不壞民居不傷民命祠宇臨江水波不入嚴衢近郡亦賴保全是用重褒封號旌異靈聰宜改善應

侯爲協惠侯〔周志〕嘉靖二十三年詔有司春秋祀之
載諸祀典
邑人裘時獻具
奏趙世瑞佐之春以三月十六日爲侯所生辰秋以
八月十八日爲江潮之侯故有祠在浦橋洪武十七
年增建於邑之南門成化二年知縣李春重葺十三
年縣丞齊倫拓大之〔夏志〕教諭三山陳烜記天生異
人必賦以非常之質蓋欲其建
非常之功護國祐民捍災禦患乃其能事也而英靈
尤顯於沒世是宜朝命旌之後世祀之鄉人賴之仰
之若父母焉若剡之陳侯足以徵吾言矣按剡志侯
剡西浦橋人諱賢行百廿五生於有宋乾道戊子甫
成童卽著靈異常假寐出神遍遊江海拯護沉溺有
祭獻神輒享之竊則哇所享牲肉或袖出紙錢以示
靈異嘉定庚辰錢塘西岸築堤潮水衝擊功弗克就
侯手植竹地上戒潮毋得踰僭而潮至望竹勢伏遁
還東行無何西岸沙擁成阜居民賴以保全紹定庚
申侯歿有禱郎應名聞於朝立祠祀之端平甲午王

師滅金人於蔡州神現顯迹協兵水戰封爲靈濟侯淳祐王子能弭水患加封善應侯景定庚申借潮濟渡加封協惠侯明天順戊寅張秋水決勢莫能禦朝命大臣按地計畫築堤捍水所費鉅萬弗克就緒神夜託夢於守土吏告以名氏允以默相自是功日漸積患止堤平抵今彼地廟祀不絶浦橋乃侯故宅有廟以妥神靈第弗邇水次商客篙師艱於祈禱洪武甲子衆建行宮於溪滸以故乞靈者衆凡邑祈晴禱雨請福禳災者尤盛成化丙戌邑令滇南李侯春重加修葺迨丁酉秋適驟風雨廟將傾圮少尹齊倫謀欲修之且念舊址狹隘弗稱神棲圖以拓之即捐俸爲倡命邑人李勤具疏遍請於寮寀判簿郝逵司訓連銘幕賓劉雲各助俸貲而邑之名家義士樂施不吝乃於戊戌夏鳩工修拓迨秋告成輪奐炳然神像森若足起人之敬畏於時適張侯鵠蒞政之始遍謁諸廟詢厥始末求余文以闡神功以彰民義余故用是記之俾邑人知所敬仰且表助貲者之善云

嘉靖三十四年知縣吳三畏徙今所樹石坊以表之萬曆三年知縣宋一栢置香

曰朱一栢記畧正德丙子五月邑令林誠通考績北上早行迷道忽老人引之斜行得脫語告老人忽不見林及從者憶其貌酷類陳侯塑像知其爲神由是林令悉其前後之功奏請祠祀准查未報至甲辰乃祀令邑士民捨置香田立神戶田三十七畝十地六畝慮其久而無徵爲之請記余書其事於石十五年知縣萬民紀以石坊低下壅蔽廟門更高大之外闢地使夷曠治其事者爲縣丞吳鶚鳴（李志）康熙四十八年燬僧祖來建未竣復燬乃去繼者僧岳宗假建祠名私售祀田至控追不已雍正十二年邑紳士汪宗燦等呈知縣傅珏仍延祖來住持重新殿宇復還祀田襄其事者其徒傳月成宗也（李府志）乾隆五十七年知縣周丕捐葺（新纂）咸豐間燬同治四年

僧善兆建側樓三間是年奉

加護國二字春秋致祭

[李志]周煕文曰神姓陳諱賢字希文累封靈濟善應協惠侯事實畧見宋時勅書及明新昌侍御俞淅墓記而不詳世系按侯先世閩中人諱堯叟者宋端拱乙丑狀元及第至四世孫銓宋大觀己丑以賢才授山陰令致政遂居剡之清化鄉子昱字世嘉紹興丁丑進士官兵部侍郎是爲侯父侯生九子曰裕曰祥曰祐曰祜曰禨曰祺曰禮曰綸裕嘉定辛未進士官揚州刺史禨慶元己未舉賢才科官戸部郎中綸咸淳戊辰進士官湖廣僉事祐爲神祐生三子曰時曰芝曰芎蒔爲本邑尉芎爲神祺生二子長曰荷爲神次曰芬咸淳辛未舉明經科禮生二子長曰芳德祐丙子舉孝廉科次曰董生三子三曰旻亦爲神乃舊志既不載而科名錄亦闕焉不列選舉誌慎也然世系考井井若是未可竟淹爰附誌於此又明天順戊寅山東張秋水決侯見夢於守土吏默相築鍤今山東廟祀弗衰蓋欽承朝命也嘉靖甲辰鄉民裘時獻

等乞崇祀典丙午禮部尚書費具題奉旨聽有司照常舉行春秋二祭而記亦弗載何也

吳公祠【李志】在望越門内祀知縣吳三畏置田三十三畝零【新纂】咸豐間祠傾圮邑紳重建正廳三楹

王節愍公祠【道光李志】在縣後月嶺下道光三年建【新纂】同治間王姓重脩事實詳見文翰志魏敦康記

白雲祠【李志】在金庭白雲洞祀昇仙王子晉

孝節祠【新纂】在縣東金庭鄉十四都華堂山陰朱滐記道光丁亥余應剡令李果亭明府之招纂輯縣志採訪孝節若干人而莫奇於華堂王氏夫婦呼可敬已孝子名瓚右軍後人明洪武間父嗣仁被逮譴戍孝子請於縣遂代父行抵金陵病死妻石氏事兩世適姑撫三月孤成立姑歿以哀毁卒傷哉同時周傑以父繫獄上書求代獲免歸養者十餘年魏家鑑妻葉氏夫歿

撫周晬兒成長卒年八十有九天雖嗇其遇而終成其養或永其年何王氏伉儷之不幸也方其代父從軍家遺老弱風餐露宿之間定省久曠將荼茹蘖之際甘毳時供卒之子爲父死婦爲姑死天之報施善人何如哉然其子文高岐嶷自立以孝義稱生子四鈍以貢授南安府教孫二十七暄成進士授南康刺史多惠政下逮廉昌以孝廉授雷州別駕心純以進士授淮揚兵憲事詳邑志不贅迄今子孫蕃衍簪纓不絶是孝節雖嗇於其身又未嘗不隆於其後也天之報施誠不爽哉余嘗遊金庭山挹香爐五老之奇俯花光水色之勝見夫丹甍翠桷宰木蘙蔘翼然出於靈表者孝節之綽楔也玉碣金題栒檀馣馤爛然映於清流者孝節之神龕也展仰遺像靈爽肅然清鑑毛髮則孝節之潛德幽光有以佑啟後昆焜燿宗祏也豈非天所以報之者遲而益厚歟裔孫秀清屬余記其事余舊史氏也不敢以不文辭因誌其巔末

而系

以詩

王右軍祠　張志在孝嘉鄉金庭禪院左後裔祀焉

石眞君祠　張志在孝嘉鄉沃洲石氏宦歸有浮石附舟行數百里怪之奉歸立祠累著靈異神乩自撰碑文

仙君祠　道光李志在縣北游謝鄉仙君卽靈運也國朝嘉慶六年因舊址狹隘改建於揚坑橋之北新纂咸豐十一年寇燬左側同治七年徐渭濱等董建并修殿宇

王烈婦祠　李志在清風嶺烈婦臨海人宋末爲元師所刼嚙指血題詩嶺石上云君王不見妾當災棄女抛兒逐馬來夫面不知何日見妾身還是幾時回兩

行怨淚頻偷滴一對愁眉怎得開遥望家鄉舊志作家園
何處是存亡兩字苦哀哉寫畢投嶺下死血漬入石
天陰雨墳起如新元至治元年縣丞徐瑞鑿石爲屋
樹碑表之阮元兩浙金石志王氏婦赤城人也家世未聞至元丙子天兵南指士馬充斥有自
赤城得王氏挾至剡清楓嶺王氏爲詩嚙指血書於
石崖自溉死見者莫不盡然爲之傷感或作詩嗟悼
之余來佐剡道越見宣武將軍紹興路鎮守脫帖木
爾爲余道其事且曰昔鎮剡時欲祀之石未果也君
其圖焉余至邑詢父老聞嘖嘖能道其詳且得所爲
詩後過其處復見其遺蹟至今四十餘年苔荒雨蝕
字幾不可辨而血痕漬石間隱隱也夫一念之烈貫
徹金石久而不泯亦異矣噫殺身成仁聖人惟許之
志士仁人今以一婦人而能奮不顧身視死如歸豈
不難哉余懼事愈久而跡愈泯與同寮謀而語之邑
人郎其旁築小室刻其事於樂石以傳諸遠以俟采
錄焉蓋亦厚風俗之一端也併系其詩於左至治二

年歲在壬戌夏五月從仕郎紹興路嵊縣丞東平徐瑞述後五年僉浙東廉訪桂〔夏志〕作杜談〔周志〕秉彝爲木屋四楹於石屋之南至正中旌曰貞婦永嘉李孝光記紹興總管泰不華書十八年屋燬守帥周紹祖重建〔周志〕始豐徐一夔記明詔有司春秋仲月致祭正統初參政俞仕悅姑蘇人命邑令建復祠宇〔周志〕俞自爲記其畧曰予因考察官吏道經祠下見祠址沒於荆棘不能不爲之慨歎甫至縣首責有司之怠事慢神繼立父老於堂下曉以大義咸皆感發願捐貲重建後回過其處而祠宇已落成矣斯邑之民可謂□篤而易化與後知府白玉重脩有記成化十五年知府戴琥命縣丞徐倫重脩〔夏志〕禮部員外郎上虞陸淵記我郡侯浮梁戴公下車之三年迺成化丁酉夏五月循省風俗過嵊之清風嶺瞻拜王貞婦祠下徘徊久之慨故室頽廢莽然烟日中不足以仰副朝廷表勸之意命邑丞古

青齊君爲更新之舉君亦有志於是者聞命踴躍遂以某月告成邑學司訓金陵王宗大走書請記予嘗讀元著作郎李公孝光所爲貞婦傳三復敬歎竊以德祐之禍自有天地以來蓋有數者衣冠大夫未可勝紀而貞婦乃能一女子與文山諸公後先死節以壯觀六合驚動千古不亦至偉者哉元有天下旌曰貞婦祠始用石嵊縣丞徐瑞爲之後即其南更以木屋僉浙江廉訪司杜公秉彝爲之既又燬於兵燹浙東道都元帥周侯爲之徐自有記周則始豐徐先生記之杜專入焉我高皇帝制作禮樂凡忠孝節義者詔立祠以祀貞婦祠因得復歲且久姑蘇俞公爲之郡侯漢中白公爲之俞亦自有記白則侍講呂先生記之爰及我侯蓋六七作矣視諸君子無愧焉方貞婦就死時知有夫耳知有舅姑耳知身不可辱仇不可事耳心事暴白與否旌不旌祠不祠何假計耶二百年來使人感動振作昌大其傳如是豈非天理在人自有不容已者抑又以見凡爲人臣妾所貴自盡他不必豫聞也在古之禮閨門無外職貞婦一旦臨難能擇所從宛轉多方以求一死卒使醜虜不能肆其毒而又從容血石以言志若舊嘗經歷者然是雖

其天質之美而宋家禮教之風下行閭巷亦槩可想
見也後之鄙夫乃以不死霞城謗之推其心蓋卽當
時俘四婦人雖守貞婦者之心耳甕雞不足語天何
足異哉予素慕貞婦事大有關於風教而愛我侯爲
政克務其所先重以宗大之請不敢
固讓於作者之後也於是書諸石　宏治十二年知
縣徐恂新之萬歷五年知縣譚禮脩前廳額曰元貞
婦祠十三年推官陳汝璧按嵊飭縣萬民紀更新其
宇改題宋烈婦祠（周志）大學士新昌潘晟紀畧嘗觀國史與郡志貞婦時宋祚卧移元
運將啟則此千夫長者乃提兵招郡縣之校雖多殺
戮而上下名分畧定非復昔日犬羊馳逐之悍也以
故烈婦諸哀慼之辭於俘婦中得以自達防守雖嚴
而驅逼少懈遂得乘間嚙指出血寫詩崖石間從容
自墜而死否則一時憤激身被污辱輕死於白刃其
心何以自明哉曩嘉靖間余以南司成讀禮歸拜瞻
祠下見老父能言容美士兵追討倭奴若烈婦神驅
使之入祠者幸一舉而盡殲之余觀四壁血漬殆滿

獨烈婦几座尋丈間無纖滴點汚是烈婦貞心勁節雖數百年後猶凜凜然使腥羶不敢近而況嵩峙生存孰得而犯之乎此烈婦所以有祠也祠堂廡傾圮郡憲沔陽陳公過剡謁祠恍然符諸夢寐乃郎囑邑尹南城萬君式廓而更新之徹其舊額改題曰宋殆與綱目書文陸諸公死宋者同時萬君初蒞任樂成公志遂捐俸率鄉人之慕義樂助者高其棟宇易其朽腐祠前爲軒又其南爲廳三楹文以柱石繚以周垣丹黝點堊靡所不備庶往來瞻仰者一時改觀而歲時伏臘亦稱其崇祀矣陳公以名進士素持風紀萬君雅有清譽其其成此舉實扶植綱常表正風俗之一機也余故樂從邑人之請歷闡其幽以記之石

國朝康熙五十七年巡撫朱軾檄紹興府知府俞卿重脩（道光李志）嘉慶十三年邑令沈謙紳士吳啟虬徐建勳等倡捐重修（新纂）同治四年知縣蔡以勳助俸錢百貫令附近紳士募脩五年裘萬清倡捐建

華表於祠前按萬清於咸豐八年補用江蘇府經六月解餉皖營途中值鳳陽張賊相去僅二三里許清急仰天禱清風神忽風雲大作賊避雨入城餉獲解建華表答神庥也紹守李題額內翰蔡君以瑞偕諸名人有詩聯

應公祠【李志】在崇仁鄉桂巖居人祀其祖宋知縣應彬

陳侯祠【新纂】在永富鄉二十八都三畝頭莊宋時三姓同建明正德四年改太祖廟張姓拓基重建

忠義祠【新纂】在富順鄉三十一都穀來同治初建

蘇文忠公祠【新纂】在縣西羅松鄉三十五都前後白竹裘姓前家坑史姓建

葛仙翁祠　〔萬曆府志〕在剡源鄉太白山有丹井藥竈

陳公祠　〔周志〕在長樂鄉四十都杏溪〔李志〕祀宋龍圖學士陳襄考證〔舊志〕陳襄字述古號古靈先生閩之侯官人以論王安石呂惠卿專政斥歸過嵊訪邑令過岦嵊人祀之

張神祠　〔新纂〕在長樂莊明初錢敦禮建　國朝道光已亥裔孫釗增廓之

陳侯祠　〔新纂〕在長樂莊東北隅

清風王烈婦分祠　〔新纂〕在縣西南七十里四十都貴門山之梅墅道光三十年建貢生裘鐘紀畧剡西貴門之東有清風神祠者何爲祀宋王烈婦而建也烈婦生長臨海死節於清風嶺於貴門何居曰呂君粟齋受神陰相建祠里中

以酬神貺也何受乎神相歲壬辰邑有不節之人將冐膺節義之旌邑紳士公擊之常白省中諸大吏而呂君任其事買舟由剡溪北下過烈婦祠忽見雲旗飄颻掩映林樾閒恍然心感迺登岸至祠默禱求神陰相厥後事果濟始知神之爲靈昭昭也夫節義所關最重設不節之人得膺節義之旌風斯壞矣惟神重節故不使不節者玷其閒以維嵊之風俗是神豈獨有德於呂君哉今呂君因公事祈神而卽罄私橐以敝分祠初不求佽於人亦可見其褒崇節義之心獨摯矣祠創始於道光庚戌落成於咸豐辛亥正殿三楹肖像以祀仍顏曰淸風表節也

佑順侯胡侍郎祠

周志在縣西五十里繼錦鄉

李志本傳胡則字子正永康人宋端拱己丑進士歷官兵部侍郎嘗奏免衢婺二州身丁錢民懷其德戶皆立像祀之胡殁於慶歷中紹興府志云廟初未有封爵宣和中封方巖神爲佑順侯永康之民遂牽合以爲胡侍郎而嵊亦承誤焉按宋胡廷直赫靈廟記廷直四世從祖尚書兵部侍郎保定公於婺州爲鄉

里其生也利有以惠之其殁也功有以庇之婺之人廟公於方巖歲時奉祭甚謹鄰境别祠又甚多宣和中盜起清谿保險方巖恃池水以濟一日盜首魏九夢神人飲馬於池明日水涸盜懼遂降廉訪使王導以聞封佑順侯倉卒不審止用方巖神奏而逸其姓氏衢婺之人凡厥祀事祝板旗幟皆貫公爲佑順侯從舊也繼而闔邑士民狀於有司力請正名紹興三十一年廷直爲建安縣丞遂請於上朝廷可之賜額曰赫靈明年二月命下據此則方巖神仍侍郎也府志云誤或亦因奏請時止稱方巖神耳今附正之

姜仙祠（李志）在清化鄉明萬歷丁未知縣施三捷建

按神名洪禱雨輙應所施雨率大如注連日夜不休諺云姜公放雨胡蘆傾底萬歷丁未知縣施三捷禱之驗爲建祠焉詳仙釋

陳侯祠（夏志）在縣西十五里清化鄉浦橋（道光志）各鄉崇祀甚多維浦橋爲侯生長死葬之地宋時侯裔

孫築亭墓上奉時祀宋御史新昌俞浙記剡之浦橋
有神曰陳侯諱賢者生於乾道
戊子歿於紹定庚寅既歿神功禦災捍患所在響答
至端平甲午以水戰助王師滅金人於蔡州封靈濟
侯(淳)祐壬子以厭殺浙東西大水浸淫加善應景定
庚申借潮浙江航貴人輦翠加協惠此其事卓異載
在祀典人所共知也而記知又有甚異者人歿而爲
神有之矣未有生能爲神從事幽冥以濟物者也侯
生稍長不問晝夜遇假寐輒神遊江海間拯護舟楫
或爲人驚寤則日壞一舟矣人每設祭潮神侯與焉
寤則哇所享牲肉是所謂生能爲神者錢塘行在所
恃堤岸以捍江潮嘉定庚辰潮怒嚙堤由侯潮門抵
新門潰突不可過漂廬舍汨城郭日益甚朝廷命有
司起徒卒戮力畚鍤隨築隨毀相顧無措召神問計
侯呼江神祭以三牲喻以關係利病手一竹植沙塗
上誓之曰神神有靈無使潮越吾竹以爲神着潮至望
竹伊邇卽勢伏迤運折而東行未幾西岸擁沙成阜
畚鍤就緒而長堤屹若山繞矣水之爲潮天地呼吸
升降古今往來東西不敢自恣而聽命於侯人之生
也必禀五行之秀侯蓋鍾夫水行之英靈瑰琦不斷

喪其神氣氣類感召無幽不達人見其蹟之似怪吾見其理之爲常也嘗欲傳其始末一日剡之鄉大人趙公炎來道侯之孫某竊慕古人顯揚先祖之義將築亭墓上奉時祀求文爲記吾方遜讓若有物觸其衷者蓋吾少時舟行浙江中流浪湧幾覆篙工仰天呼侯數四浪輒平舟獲善濟吾時常有祈禱之語久未克償今之觸吾衷者侯其速吾文以償其願歟遂爲侯記之侯墓去家百步而近弟某附焉子九人第三子無作神功濟物雅有父風又以見英靈瑰琦之神氣人間得之於天子間得之於父信非脩爲方術所可與能也因併記且求質於世之君子云德祐乙亥六月既望記

明史氏建祠奉祀

國朝嘉慶十年知縣陸玉書因陳氏子孫訐訟廟貌將頹諭令史氏重修二十五年知縣葉桐封復令史氏世修之葉桐封記歲己卯夏余來莅嵊邑公餘取邑志觀之見侯護國佑民之功心竊慕焉然以未得侯故里爲憾庚辰夏因公務出城西浦橋謁侯廟瞻侯像讀陸君玉書募建侯廟引知浦

橋實侯故里廟本史氏創修後因侯之裔陳子榮訐訟吳君斷子榮經理致廟圯壞幸陸君見廟心側仍諭史氏立董合邑捐建并捐俸首倡俾今臺殿門廡黝堊丹漆煥輝煌者實陸君與史氏之力也夫古來善始者實鮮克終者蓋寡余今嘉陸君美意又喜史氏之相與有成焉爰爲之記并述舊碑所載立廟緣起云廟始於前明侯之孫築亭墓上至嘉靖壬子紳士史國卿史立鐵集義創建萬歷丁亥紳士史超元史孝則史孝保等復爲創造廟貌一新國朝乾隆二十二年紳士史聖忠史敬節等拓舊址而恢宏之茲紳士史節芹史俊節等尤能將己祖暮春起發塋田轃築殿階復留餘地以爲坦道前後數百年間捐建者不乏人而史氏世爲領袖贊成亦可見史氏之不忘神功能繼祖志以有今日也後乎今者嗣而葺之擴而大之則尤今董事之所深願亦郎余之所厚望也夫

〔新纂〕同治戊辰年重修

同治八年仲冬之月署嵊縣篆丹徒嚴思忠記題應

陳侯祠之在嵊東門者有司領之而浦橋有祠爲侯

冢梓之地蓋陳氏之家祠也上虞梁湖鎮亦有陳總
管廟隔江爲曹娥壩同治元年粵寇自壩乘筏夜渡
忽大風激浪筏掀盡死人皆詫爲神助五年浙撫馬
公據上虞縣詳題請
敕封奉
旨加封護國由上虞縣移知俾嵊人載入邑志按陳侯諱
賢字愷山剡西清化鄉人生於有宋乾道戊子歿於
紹定庚申葬其鄉之蒲橋莊距所居裁百武侯生而
神靈能捍水患歿爲潮神廟食錢塘江上累封靈濟
善應協惠侯德祐乙亥侯孫築亭墓上奉時祀侍御
史新昌俞浙爲之記元季侯裔析遷他邑留剡者亦
東西散處至前明葺祠之役乃藉手於史氏史氏者
陳之姻好也國朝乾嘉間葺祠者再復賴史氏贊
成之歲三月十六日爲侯誕降之辰子孫上冢畢祠
中演劇娛神招史氏會飲以識舊勞迄于今不廢祠
產田十八畮地五畮山七畮有奇載在陳氏族譜向
畀住祠僧收息以供歲需有前邑衿裘坎張暐等居
間約券今歲繕修邑志侯裔孝廉光榮自諸暨來嵊
乞予文爲祠記因爲述其崖畧如此侯之閥閱詳周
明經熙文世系考其宋代褒封年月事實見紹定口

祐寶祐敕書與俞侍御墓亭記互異姑並存以備考

又按康熙間趙恭毅公題請給封疏據嵊縣詳紳士李茂先等稱侯爲宋進士而邑志進士題名無之周明經言侯父並子裕倫俱進士亦不言侯爲進士也豈李君所稱或別有據歟又稱宋室襃封由太尉而進靈濟轉善應而加協惠俞侍御叙侯事甚悉獨無太尉爵秩唯紹定辛卯敕書改署太尉堂爲靈濟祠或當日先贈官太尉後封靈濟俞記偶遺之歟頃歲馬公題封事實中謂嘉靖二十三年詔封顯應考邑志但載嘉靖二十三年詔有司春秋崇祀無加封顯應之文趙恭毅疏中亦云元明代往久虛誥敕之頒僅享春秋之祀頗疑顯應神號卽由恭毅公題請後

敕封然志乘既無明文可證官府又無檔案可稽亦唯闕疑以示慎耳矣

忠孝祠 〔道光李志〕在清化鄉祀宋定城尉殉難張愗

明孝子張燦

葛仙翁祠 〔新纂〕在縣南二十五里禮義鄉蒼巖莊獅

子巖中有大井剡錄泉品第十八　國朝道光乙巳俞氏重建邑人高振芳碑記剡之南二十五里蒼巖莊曰仙林里相傳葛仙翁嘗居此名也翁諱洪字稚川別號抱樸子仙像在莊北半里許獅巖峭壁陡立數十仞巖之足丹井存焉壁額軒處有仙閣閣不知創始何年劚石一龕高危臨深谷里之人禱者向壁頂禮望仙像縹緲天半不可即吁亦奇矣始余按翁東晉時句容人煉丹於武林諸名勝似未入剡然邑志載太白山丹井剡亦有仙跡殆是山發脈於天台桐柏第二十七洞天也其北幹扶輿磅礴登天姥歷沃洲湧南明之寶相峩海跡於南巖晴峯攢霧暮壑連雲直走百四三十里至蒼巖突起一獅狀昂首莊北地靈人傑剡南第一族所由肇也今俞氏聚而居且千戶顧自其先世卜遷於宋紹熙間巳聞有此閣則翁所憑依將千百年於斯矣道光乙巳歲俞氏諸君復於閣下深谷削側砥平建祠宇三楹中坐仙翁像使鄉之向壁頂禮者並得膜拜祠左天成石室石桌石椅石枕石牀二三十人坐臥其中雖盛暑汗不敢出偶從室西巖繘汲其巔如出井則斷

峽一二丈不能達仙閣望東南壁上巉巉有鳥道乃亙一木猿緣渡南壁手與足挾石行不數武壁忽裂數尺有石梁亦千百年前駕者時委蛇過石梁下覗空人皆蛙若惴惴恐墜者久之復黽勉轉東行望石龕耳入達仙閣閣深丈餘濶可二丈扁榜柱欄輝金碧瞻禮畢俯矚新祠儼然一洞天也又前巖大獅頷下一小獅蒼松翠竹植其上風雨來躍躍欲活余後歎造物奇區人所罕到葛仙翁得久居此仙林里名果不誣爰記其祠宇落成貲出於俞君存齋存煌等而作謨更董庀鳩云

方公祠〔新纂〕在昇平鄉茶坊莊祀邑侯方秉

嵊縣志卷八

寺

惠安寺（周志）坐剡山晉義熙二年南天竺國有高僧二人入金華師道深弟子竺法友授阿毗譚論一百二十卷甫一宿而誦通道深遂讚法友曰釋迦重興今先授記遂往剡東岬山今屬新昌復於剡山立般若臺寺唐會昌廢咸通八年重建改法華臺寺十道志曰西臺寺今法臺寺是也陳惠度所立惠度者獵士也射鹿此山鹿孕而傷既產以舌舐子身乾而母死惠度棄弓矢出家每日受一食苦行以悔先罪日誦法

華維摩經諷咏響聞四方歸戒者數百人遂開拓所
住曰法華臺鹿死之處生草曰鹿胎草山曰鹿胎山
天祐四年吳越武肅王改興邑寺宋大中祥符元年
改今名有應天塔灌頂壇增勝堂幽遠菴元至元寺
廢明宣德中僧文彬及其徒永甯會首劉文敏重建
景泰中僧巨源修應天塔建山門有棲雲宿雲房宏
治二年僧廣達建翠寒亭於高坡四面溪山一覽得
咏謂之翠寒者林巒蒼翠之騷人墨客多題而風露高寒也見夏志
嘉靖十七年殿燬十八年
僧道玦智方等重建三十五年僧惠宗造山門隆慶
三年僧智佩等建觀音閣僧原昭原祥等爲石蹬闌

下及更衣亭萬歷二十年僧惠鏡復幽邃菴在二十都淨土菴渡南二里（張志）國朝康熙間僧明超重建觀音閣（道光志）嘉慶六年劉大道大宗大成僧清圓等重建兩廡韋䭾殿（新纂）咸豐三年劉從宜等與僧涼洪建左廂及胡公殿濬鹿池十年捐脩大殿同治元年寇毀觀音閣山門兩廡漸次修復

實性寺（周志）在縣西二百五十步唐乾元中建號泰清院會昌中廢後晉天福七年重建宋大中祥符元年改今額宏治三年重建嘉靖十六年知縣呂章以例查廢弛寺院會寺僧不法廢之改正殿爲啟聖祠

舉人周震佃殿西空基及山構屋爲居萬歷二年捨復爲寺更建獅子菴在獅子巖爲寺下院尚書平湖陸光祖修撰山陰張元忭助成之（李志）（一統志）知府彭富記嵊諸梵宇獨載實性寺以邑之官師於此習儀祝聖壽也閱郡志寺創自唐年有賜田饒甚嘉靖中邑令呂章以私恚毀寺徙萬歲龍碑伽藍神像於下院三峯莊僧亦寓棲以供額稅然寺之名卽不可沒而寺之隙地爲鄉進士周君震佃而得焉遂治爲宅益買旁近地廣之居三十年矣周君後爲衡州別駕歸忽悔恨不樂謂其子庠生夢秀曰古人行一不義雖得天下而不爲也且晉唐名賢如王內史陸宣公皆捨宅爲寺于乃佃寺爲宅負不義之名吾寧塡死溝壑弗忍居於是矣汝必復之而平湖陸司寇胥峯分與周君同年厚善聞而義之數移書贊決會冢子今大理卿五臺先生自南容寄歸俸金以供甘旨公捐金以助贖寺之廢田而歸之僧萬歷二年冬周君寢疾會其族父兄子弟而囑之曰吾願及見寺之復也吾待而瞑矣

於是周生立以其宅一并益買旁近地請復爲寺以狀來上予慨然嘉歎判而復之邑令朱君一栢即名寺僧法彰等還寺如故有異議者守愬諸上官皆絀以之周生既捨宅乃徙居他舍敝陋人所不堪周生惟以克成父善爲樂已而周陸二君皆郎世大理公啟其父橐得向所遺俸金二十餘鎰捐以贖寺田諸先佃田者聞大理公父子之義或受價或不受價或半價不浹辰而得田二十畝地四十五畝僧於是乎始有香燈饘粥之費事具分守參政朱公案中予惟宏德以前士大夫無毀寺爲業者畏國憲而謹儒行也近世始有借口異端之闢以恣其利便之私周別駕君少年佃寺晚獨知非毅然改決於臨殁之頃有曾子與易簀之義陸司寇公成人之美祝遼大夫恥獨爲君子若合爲一轍二公之行事古之人哉大理公善承父志感動羣情周生夢秀不忘父命自甘困苦是皆足以敦厲末俗而障頹流者也乃詳記之囑新嵊令譚君禮勒之石〔李志〕

國朝雍正十三年僧純學募建〔新志〕咸豐辛酉毀於寇同治七年僧募建

圓超寺（周志）在惠安寺東南舊在縣治西北四百步剡山之巔高平處曰靈岫菴奉觀音大士晉天福末年號奉國院宋大中祥符間改今額治平間國子博士鄭某丞宰剡感觀音靈異崇甯五年承務郎鄭雄飛紀其事於石明洪武二十四年廢香火猶存永樂十一年僧會法濟重建半嶺有挾溪亭嶺側有俯山堂昔有近離城市不多里高壓樓臺無數家之句宏治元年提學副使鄭紀命徙於今所而空其址（李志）

國朝雍正八年張忠涓與釋違山重修（道光李志）道光四年張開炎登榮重修（新纂）今頹

萬壽寺　道光李志在來白門外乾隆二十九年捐建
新纂毀同治八年僧識海募化請董重建
天興寺　道光李志在應台門外一里嘉慶間尼寶聚募建
鐵佛寺　道光李志在拱明門外明崇禎間盧吳二姓捨基捐建　國朝康熙間燬於火鐵佛如故供以草廠名曰鐵佛廠乾隆十二年僧朋山募貲重建四十六年僧福田建大悲閣五十四年僧慧明普利建東廂道光七年僧一敬重修　按鐵佛鑄於唐貞觀間背有尉遲敬德監製字蹟
新纂咸豐辛酉燬於寇住僧建屋一間以蔽風雨

會流寺〔道光李志〕在拱明門外明萬歷間丁澄宇建

新纂　國朝咸豐九年僧本悟秉松募建大悲樓

超化寺〔周志〕去縣一里二都晉天福七年建號水陸院宋大中祥符元年改超化院舊有鑑軒明景泰間重興〔李志〕崇禎乙亥守基爲周司空墓邑人尹立文捐基捨田移建於基左　國初僧行然葺考證周熙文曰寺門外有橋曰罯衕門右一山橫插曰琴山門左邱壟枕石澄伏古木參差曰子猷林門內有塔曰留雲池曰放月西北一池則名一鑑皆戴安道遺蹟備載夏志而續脩者脫畧至大悲閣西額聽星餐霞東額問松青來則僧鐵峰暨行然建也又云罯衕舊作罯酌謂是安道攜酒聽鸝處

明心寺〔夏志〕去縣三里二都唐顯德七年鄉民蘇老

賓請於錢氏爲僧院宋建隆二年陳承業又捨宅增建號黄土墖院治平三年賜今額山巔有歸鴻閣歸雲亭又有偃公泉由僧仁偃施水得名僧仲皎作閑閑庵後改倚吟閣慶元中翰林學士鄮人高文虎於寺側作藏書寮雪廬玉峰堂秀堂後卒葬其所魯國唐咨記曰邑北三里林巒幽邃如城郭其西北一隴望之蔚然高出於羣峰曰黄土嶺嶺腰有靈泉清冷甘美行者負者賴濟渴吻顯德七年鄉民蘇老賓請於錢氏爲僧院宋建隆初爲黄土墖院又民陳承業捐山以廣寺治平三年賜今額景祐中僧仁偃鑿爲二沼立廊以升凡二百級人至蕭洒不知人間有暑惟佛法能轉惑見爲眞智羣迷爲正覺離執著爲圓明然後逍遥乎眞空之里超悟乎妙道之塲所謂明心者因夫明心之〔李志〕　國朝康熙九年僧自度嵩月重理以告云

葺〔道光志〕乾隆五十年寺僧復募修之〔新纂〕道光間寺將圮僧妙相及徒可見重修高陳兩姓同助寺有斗雨祖師壇邑令李道融記明心寺之供像有曰斗雨祖師者相傳康熙間爲寺僧都養其時久旱官設壇祈雨夢若有神告言師能作雨衆詣求之良久乃允曰天旱甚非傾盆雨不能救也指簷下斗謂注滿此器若何言畢而逝卽日大雨果注滿簷下斗田禾皆蘇歲大熟衆德之塑像以祀尊爲斗雨祖師予署剡篆乙卯夏天久不雨衆以前事聞敬往祈之歸途即聞雷聲旣而大雨澤被四野祖師信有靈也祖師能佐諸神溥恩膏前之冥告不虛也於是書懸扁額金飾其身潔粢豐盛以酬神貺古人云凡有功德於民者則祀之斗雨祖師宜常俎豆於寺以爲剡城福星也咸豐五年乙卯仲夏上澣記

福山寺〔周志〕去縣二十五里六都晉天福二年建名報恩寺宋大中祥符元年改福感寺明成化中重建

嘉靖間殿圮萬歷三年重建〈張志〉　國朝順治十年
僧智音重修改今額〈李志〉晉石氏墓像在焉
普安寺　〈道光李志〉在縣東二十里白雲山相傳西域
寶掌禪師攜貝葉經至此宋元嘉二年建唐會昌中
廢後唐清泰二年重建宋景祐二年有德韶國師召
對稱旨詔賜今額御置田地八百畝山六十畝後廢
明正統中魏胡二姓重建後廢　國朝康熙元年釋
智琮里人捨貲重建徒德機增建方丈及東西兩側
百餘間恢復寺產有寶掌泉洗鉢池白雲亭諸勝按貝
多葉經二十五翻色淡黃長尺廣二寸中貫以綫兩面寫葉光潤可愛字類西域書現存寺中〈新纂〉

同治元年寇燬惟大殿東後遊廊祖堂尚存僧了參漸次建復天王殿側廊後齋堂〔咸豐辛酉賊至僧惟性攜貝葉經至天台山賊退仍攜歸寺中〕

資福寺〔李志〕在縣東二十里靈山鄉十一都唐乾元中建後圮晉天福二年重建　國朝康熙五年住僧惠啟等新之〔道光李志〕道光四年僧月亮重建大殿〔新纂〕道光十八年曾建天王殿

華藏教寺〔周志〕去縣四十五里十一都晉開福二年茹蘭禪師建名雲峯院宋大中祥符元年改今額明景泰中重建〔道光李志〕　國朝嘉慶間僧茂盛重建

大殿
石屋禪寺〔道光李志〕在縣東四明山　國朝乾隆八年僧恒傳自天台來居石巖中募建因名曰石屋禪林三面倚山石壁千丈靈峭幽峻前爲第一樓西瞰百里外山水雲物晦明出没變幻不可名狀山腰有洗心亭上林莊監生張克昌建〔新纂〕同治元年寇燬五年僧嶽中建小樓五間請紳董勸捐建復九年建
大殿
上金鐘寺〔李志〕在四明山三朵峯下漢平子捨宅建施山爲祝聖香燈元燬　國朝順治間僧元契重建

康熙庚申閩僧雪巖復寺產

下金鐘寺 李志在靈山鄉四明山下

顯聖寺 道光李志在縣東四十里金庭鄉后山莊明里人竺彬宇建 國朝乾隆間僧瑞先重葺

尊勝寺 嘉泰志在縣東四十里金庭鄉十三都舊志作尊聖寺宋元嘉二年建號厚山院唐會昌廢咸通十一年重建久之又廢晉天福六年重建宋治平三年改賜尊勝院李志乾隆間知縣李以炎記出東門四十里許有寺曰尊聖傳宋治平丙午奉詔葺而原其始則名后山庵淑於晉永嘉戊辰毀於唐會昌乙丑而重建於咸通天福間載在舊志無檀越名也乾隆辛酉有修志之役生員姚順之詩載朱子所撰修寺碑文稱此寺爲姚蒽嗣李遹人捐

資虛建口熙甲辰鳩工丙午秋落成時奉命提舉浙東將由金庭抵明州使道過訪因請爲記予讀而疑之按朱子提舉浙東常平茶鹽事在口熙辛丑事竣進直徽猷閣代者爲余禹成歲在壬寅安得丙午復行部蒞止而爲之記乎越日竺介清等果以墓估控亦呈有眞西山碑文稱建寺者伊祖竺簡竺觀我也寺內現存報本堂設位以祀又有田宅器皿交單及明天啟間毁碑印照墨痕紙色俱舊雖文非眞筆差勝姚生之舛錯無徵者余又疑憲祀鄉賢生既屬子孫何以春秋祀事並不與祭領胙及姚行宗斥非本派然從疑者以釋氏循往例聽竺護持而嘅然於風之不古也蓋自須達多長者布金八十頃成精舍三千區請佛住佛有居矣而好佛者往往祟瀆其宇曰是西方聖人也非是不足以尊之於是招提蘭若錯立於通都大邑名山勝境之間要其心祇知有佛初未嘗冀子孫之食其報也乃竟有借檀越名思分潤於桑門致目祖弗惜者其立心何如哉今而後姚固不得覬覦竺亦未許染指庶變競之端可以少熄矣往天竺寺僧於周志散佚之後指葉仁賛捨宅建請載適徵誣妄若朱子行實載在年譜者歷歷可考設

或不察而應其請則害伊胡底此知考證之當詳而轉疑人言之未可盡信也可嘅也夫

上乘寺〔嘉泰志〕作安福寺〔李志〕在縣東六十里十三都梁永明二年建名安福寺唐會昌五年廢宋景福元年重建改今額

三山寺〔新纂〕在縣東金庭鄉十三都晉溪濤泉山麓姚姓建

集雲寺〔新纂〕在縣東金庭鄉十四都小坑莊

法祥寺〔周志〕去縣七十里孝嘉鄉十五都宋元嘉二年建名延福院唐會昌廢後唐清泰二年重建大中祥符元年改法朗寺又改法祥寺今爲教寺　近廢寺

据山山勢秀拔寺之後有峯曰獅子頂

清隱寺（周志）去縣七十里忠節鄉十六都在三峯山唐大中七年建名三峯院宋治平二年改清隱院明爲寺嘉靖中燬萬歷二年僧惠奇重建觀音殿左右三峯鼎峙中有龍池池有靈龜金線文蛇龜蛇見則雨初創寺時塑佛像壓鎮池上每風作佛座下湧水泛濫後遷龍神於寺北十里外峻山有池水處至今禱雨者趨之（道光李志）國朝嘉慶十六年住持僧普利徒融化重修復建禪堂一所

寶積寺（夏志）去縣三十里遊謝鄉十八都後唐長興

四年建號興德院宋大中祥符元年改今額唐永嘉郡護法寺智希禪師善相山自四明行山至此見四圍皆積雪惟中間不積遂築菴未幾邑人錢氏爲創寺寺接車騎山晉謝元所居有車騎燕坐石今尚存寺詩僧擇璘有高山堂多名人題詠〔周志〕下有高山泉

卬月寺〔夏志〕在縣北二十五里靈芝鄉不審創始年代唐龍紀元年建古法華寺在今寺東二百步廢爲民居後接待寺請其額後枕一秀峯爲嵊水口山今改爲卬月寺〔張志〕嘉靖間王格招僧程進居住萬歷

二年王嘉客等合族告司府勘實重興

龍藏寺　嘉泰志在縣北四十五里靈芝鄉梁天監二年建號龍宮院唐會昌廢咸通十二年重建浙東觀察使李紳少年寓此肄業舊有紳所作碑存寺中宋大中祥符元年改今額張志元末廢明正統十三年重建嘉靖間廢僧能明復興萬歷府志有巨井深浚水色紺寒疑有蛟龍居焉又有老松如龍數百年物也新纂　國朝咸豐辛酉寇燬同治四年附近紳士議捐貲重建六年

詔天下已毀菴寺不准修復八年稟請邑令將寺容基改

建芝山書塾撥寺田地山共一百四十七畝爲書塾公資餘產歸腳菴住僧齋供邑令嚴思忠以寺觀改建書塾各屬皆有成案洵爲善舉准如稟行轉詳立案

石鼓寺舊縣志作悟空寺 周志去縣三十里崇仁鄉後周廣順二年建號保安院卽古烏流寺基宋治平二年改悟空 新纂紹興閭錢蔡兄弟遷居棲巖追念武肅王祖德重修廢寺立像後殿每年正十兩月致祭捐田一百四十六畝因旁有石鼓改今額

天竺寺 周志去縣四十里二十五都晉天福七年建號西明院宋大中祥符間改今額明景泰三年重建

相傳更有道場巖乃西明禪院廢址近爲四十七都民張鋼世業今呈縣別興西明院召僧住持知縣譚禮給扁〔張志〕作五都葉仁贊捨宅建鐘像皆有贊名寺後即贊墓〔李志〕〔道光志〕因之存參〔新纂〕國朝道光二十八年知縣陳鍾彥撥寺田充公

雨錢寺〔周志〕在縣西二十五里孝節鄉二十六都相傳齊永明元年安南將軍黃僧成家天雨錢數萬億捨以造寺號錢房院梁天監中改禪房寺唐會昌中廢咸通二年重建改禪惠寺明嘉靖初廢三十年僧惠輝重建又復下院一所曰盧塘菴今二十八都黃氏世修之 國朝康熙初僧淨地建大殿禪堂寮舍

加高敞焉改今額〔寺志〕崑山徐開禧記出處而存乎道者幾人故超凡而登先覺掇巍科登顯籍以救援胥溺者儒者之事也拔俗而洞元理授衣拂踞師位以度脫羣迷者釋者之事也雖爲教不同其道一也我崑有寧遠師者以簪笏之裔以一旦棄儒歸釋不數年盡洞徹奧旨爲宗門龍象余朽邁不一見爲恨也己酉春伊弟雪公來吳得閱五會法語欣然如面并囑余名其山因問山之巔末師於其弟答曰湫於南齊以其宗中雨錢故以名寺鼎革來廢荒特甚歲在丙午師駐錫焉一年伐木鳩工二年蒔松種竹三年而莊嚴成峯若城環溪如帶繞寺居其中與烟霞吞發樵牧賡歌乃剡西勝地也余聞而擊節曰其今之西林乎大抵山以人重廬之東有東林遠公主之剡之西有西林寧遠主之世隔二千餘年而二林之主同字遠豈非東林而西歸乎天假數年得進西林之杖屨以徜徉老人之願畢矣

眞如寺〔張志〕在縣西六十里二十八都晉開運元年建號寶壽院宋大中祥符間改今額元時廢明天順

閒重興嘉靖間僧能達智信又新之剡錄云白道猷行谿而來登山腰居之後人於山平坦處立刹四圍山林蔚茂峯巒峻拔澗溪遶寺

證道寺〔周志〕去縣西五十里二十八都晉開運元年建號五龍院宋治平間改今額元末燬郡志云晉高僧帛道猷道場山有龍潭

戒德寺〔夏志〕在縣西三十三里承宮鄉二十九都黃家莊齊永明二年建號光德院唐會昌廢晉天福七年重建宋治平三年改今額洪武二十四年僧併惠安寺〔李志〕元符間宣議黃頤拓基重建 國朝康熙

九年僧淨地重建以上田併歸雨錢寺若下院然道光李志四十一年釋箭鋒重脩乾隆三十九年釋正方泊徒覺菴重新前後正殿建東廂樓八間四十五年覺菴建西廂樓八間五十二年暨嘉慶六年徒道南復兩葺之新纂寺久將圮道光二十九年僧本悟徒月中重葺咸豐二年建大悲殿并兩廂

宣妙寺夏志在縣西四十里富順鄉三十都宋元嘉二年建號崇明寺唐會昌中廢晉天福四年重建宋治平二年改宣妙明洪武二十四年歸併下鹿苑寺李志嘉靖時又廢惠安寺僧惠綜鼎新之新纂道光

閣廢張從宜派孫延鹿苑寺僧洽聚住持建前後大殿同治六年洽聚徒廣潤復建後殿存參

靈巖寺　張志去縣七十里三十三都寺在萬山中自策道者開山山有仙巖上徹雲霄石盤松石洞前有獨秀峯頂有三井龍潭一淵自潭而下環寺而前兩松合抱千餘年木也夜有猿鶴聲有茹蘭禪師伏虎歇石巖巖下有龍潭唐乾符二年於古石門寺基建靈巖其別號明隆慶中殿圮萬歷二年重建

定林寺　嘉泰志在縣西四十五里三十四都宋元嘉二年建號松山院唐會昌中廢晉天福八年重建宋

治平三年改今額有礬巖龍潭新纂寺左爲大溪溪有浮石潭石子立溪中高丈五尺許水漲至二三丈不沒相傳爲浮石云咸豐元年寺就圮僧治聚同徒宗法重建

大仁寺張志在縣西四十五里三十六都晉天福七年建號資國大明院宋大中祥符元年改大明院一云晉天福四年有姚氏女捨宅爲寺號曰崇門治平二年改大明寺明僧大宗以詩鳴有幻菴集正統十三年僧視超重建嘉靖中造鐘樓東有聖姑橋西有深坑相傳詔國師所鑿　國朝康熙八年僧法淨大

歎重建仍改資國（李志考證）按舊志云西有坑東有聖姑橋意姚氏女郎鹿苑寺所謂姚聖姑也但鹿苑創自宋元嘉七年先晉天福七年五百餘載則又未敢附會矣（道光李志）

後圮乾隆五十三年知縣唐仁埴令二都二十五六四十三紳士倡捐重建改今額唐仁埴碑記蓋自青鴛闢界原期普渡以無邊白馬藏經永冀有基而勿壞嵊之有大仁寺也建諸宋代括自聖若莊嚴則千載常昭供奉則三都共賴頁田三百畝自饒濟衆之貲精舍九十楹不乏談禪之地所望聖神挂錫恢廓靡窮胡迺道俗操戈消磨殆盡遂令蓮花座上允矣塵封貝葉經傍於焉草蔓既覺鼓鐘閒寂瀰看棟宇摧頹亦曰悴哉吁其悕矣此因搆訟竊用持公惟是僧擁貨財人多覬覦爰推情而度勢乃區一而爲三以八十畝爲鄉會之需俾寒士無虞資斧以一百畝爲黌序之助庶儒生得所師承公車既藉慈航書舍還依經室餘仍歸寺亦可安禪此誠盡善之方可作久安之計者也特念花宮縹緲牛屬虛無柰苑依稀幾歸鳥有是宜補葺急待經營惟我

宰官敢謂再來之摩詰凡茲衆庶誰非喜捨之蘭陀幸體婆心其圖公舉其有餘者固宜解囊以助即不足者亦當量力而輸庶幾恢復舊觀仍存古制百十年相國碑下久歎蕭條千萬間工部眼前待看突兀匪曰營情禱媚邀福澤於空王亦惟有志更新紹風流於先哲云爾嘉慶十年住持僧慧雲徒德明重葺大悲閣天王殿及鐘鼓樓新纂道光丁未錢錦山等倡捐重修邑孝廉呂燮煌碑記剡多名山水故招提蘭若棊布其間縣西四十五里大仁寺創自晉姚氏聖姑似孫錄所謂資國大明院也前面大溪後依廣野右崇山左清流形家言此地土脈深長水勢回抱寺可歷久而新理或然歟國朝乾隆間邑侯唐公仁埴因僧徒訐訟析其田而三之一充合邑鄉會路費一建書院於寺東而顏曰輔仁以其一備延師修脯之需一仍歸住持香火并令都人士捐修殿宇而懸以今額夫儒釋異教也侯胡爲一之以仁出處必本乎道脩倫紀立勳名欲立欲達者儒者之事也超世而立於獨空萬事泯一心無我無人者釋氏之道也顧

其發大慈悲談元理證因果苦口婆心度一切衆生登覺岸而出迷途與士大夫先憂後樂初無以異俟之以仁易明於此其有深意矣乎歲丁未琳宮就圮孝廉錢蓮峰師惻然憫之爰請黃子石亭張子琴軒裔子祖潮其司厥事并邀宋梅村裔文船張嵩三沈堯山王菊泉張蔭軒王實軒黃藝齋陳廷彪張鳳池諸君同爲慨倡捐修鳩工庀材先搆正殿柱易以石期永固也佛裝以金圖常新也土木丕煥美厥觀也其餘齋堂僧舍敝者補之頹者易之隘者廣之有基勿壞也是舉也雖不及須達多長者布金以成精舍而樓殿參差規模宏壯亦可以垂永久矣惜事未落成而吾師已於辛亥冬間仙逝殊爲悵悵耳乃世兄愼軒仰承父志仍與諸君子協力同心以竟吾師未竟之事是亦當世之所難而爲吾師所深慰者也今冬諸工告竣囑記於余爰掇其實而筆之於石

上鹿苑寺 夏志在縣西五十里剡源鄉三十七都宋元嘉七年有姚聖姑者來赴下鹿苑梵宮不納遂乘

雲登鷲山中曳裾止處有靈犬隨之遂立寺號披雲寺唐會昌中廢咸通七年重建晉天福七年吳越王改披雲院至宋改今額未審何年歸併下鹿苑寺寺有堂名接山〔新纂〕　國朝康熙間改建山麓

下鹿苑寺〔周志〕去縣五十里三十七都宋元嘉二年建號靈鷲寺唐會昌中廢咸通十四年重建宋治平元年改今額山有龍潭潭淺水下爲飛瀑對瀑水爲玉虹亭有隱天閣後廢萬歷十三年重興〔新纂〕　國朝康熙間僧了聞一輪重葺道光三年水衝壞大殿西側廂僧永妙整理拆建四十餘楹徒洽聚建大悲

孝廉錢錦山重建下鹿苑寺碑記省闕梵書謂

閣善爲青獲勝善之山岑可登青鷲釋氏謂年爲白
度靡年之口月如過白駒是則名巒古刹歷千秋而
不壞者要在住持得人耳茲太白山棲眞隱道丹井
藥竈古蹟尚存自鹿苑建而名山益著蒼叢林陰翳
盛夏疑秋隨喜臻斯衍彿清涼國土加以巖懸瀑布
映帶奇觀四遠馳聲遊人接踵初名靈鷲始基於劉
宋中坦於會昌重葺於咸通至宋治平元載始改今
名其間興廢無常住持不一在景定間我祖有拜嘉
興軍節度使簽判諱弼行丈二公念先人創造之艱
憫開士食貧之苦曾捐良沃用助淨明復建隱天閣
於山門構玉虹亭於山麓郎周劉信士各助田及山
若干畝以爲香火之資然自宋元迄明萬歷時僧俗
肇釁雀鼠互爭將寺田二百餘畝半充學宮使蓮臺
著雨梵宇生塵幾來托鉢之僧誰是布金之主迨
國朝康熙四十七年住僧了間及超潤等用表清脩
碑墓燦列旣而一輪接住兼管施恩茶亭積有餘資
重葺更新度徒實相以及徒孫必達道德道脩等皆
能謹遵師教無忝法門道光三年秋被山水衝壞大
殿及西側廂頹道秀之徒永妙支持整理重光永妙

系出天台性耽禪悅選住鹿苑見寺宇湫隘又將傾圮思拓而大之重建數十餘楹除錢周劉本壇續捐外計費不下萬金規模宏敞氣象崢嶸一時見之者皆大歡喜歎觀止焉尤矢願鑄銅鐘製大鼓建大悲閣以了前緣忽於道光二十六年九月間未遂初心遽爾示寂病革時囑徒妙聚慈訓慈岳徒孫元增元禮輩踵成之住持慈岳等恪守清規無違師命居然寶閣重輝法鐙再整晨鐘暮鼓振聵發聾動繼禪宗事諧冥願於以知永妙之具大神通并徵僧徒之能傳衣鉢而益見寺土之有眞法眼藏也後之視今亦猶今之視昔爰勒貞珉以示後之住持者咸豐辛酉燬於火永妙徒孫元禮元悌重建

平田寺 李志在西白山今廢

安國寺 夏志在縣西七十五里太平鄉三十九都晉天福七年建號太平院宋治平三年改今額洪武二

十四年歸併報恩寺〔道光李志〕國朝乾隆四十年災於火僧懷謗重建貢生劉純董其事

皇覺寺　〔夏志〕在縣西六十里長樂鄉四十都漢乾祐三年建號仙巖院宋大中祥符元年改皇覺院今爲禪寺洪武二十四年歸併下鹿苑寺舊有葛仙翁釣臺石梯在其傍又有遥碧軒按周志同〔李志〕作過楫建拾田四百畝存祭

千佛寺　〔道光李志〕在縣西六十里長樂莊乾隆五十一年僧寂隱募建里人錢姓勸成之

普惠寺　〔夏志〕在縣西六十里開元鄉四十二都齊永

明二年建號安養法華院唐會昌中廢乾符六年重建宋治平中改名普惠今爲講寺洪武二十四年歸併報恩寺（周志）嘉靖閒殿圮實性寺僧殊謙重建按張志李志道光李志皆同今採訪作紹興閒廢嘉定中總幹周峻助田重興萬歷閒廢天啟中周氏助貲重建至國朝康熙閒僧德基拓大之存參

泰寧寺（夏志）在縣西南四十里積善鄉四十四都宋太平興國元年建號開明院大中祥符元年改空相院今爲講寺明洪武二十四年僧併報恩寺（周志）萬歷四年僧能震重建（道光李志） 國朝康熙初燬於火張史陳三姓及住持寄野重建改今額

顯淨寺〔夏志〕在縣西三十里桃源鄉齊永明三年建號清林寺唐會昌中廢後唐長興元年重建宋大中祥符元年改今額寺在四十六七兩都平嶼中有八池池水清美西廡下有白鶴井

報恩寺〔周志〕在縣西十五里清化鄉四十九都晉大康中開山後人掘地得古甎有大同六年韋法師誌號唐乾甯元年重建號報德寺晉天福開運間僧遇明新之有開運六年瞻部鎮杜司空捨菱池公據宋大中祥符元年改報恩院明洪武二十年重建為講寺萬歷十年殿燬十四年僧成順重建舊有菊花院

開達樓雲棲樓新纂道光間住僧覺濤經庠生過庭訓等控逐邑令陳管僧滌雍等將寺田三分以四十畝爲書院膏火四十畝爲鄉會路費四十八畝歸寺僧戒瀟咸豐元年脩西側九年脩前殿同治八年重建大殿

明覺寺〔夏志〕在縣西南十五禮義鄉五十都梁大通元年智達禪師建號禪林寺唐會昌中廢晉天福元年重建宋大中祥符元年改今額寺始營於長安老僧望一處有靈光現遂遷之名其地爲光明堂在今所北二里後復聞前山有鐘鼓聲又遷之即今所前

有燕尾峯右有獨秀峯左有白蓮龍潭下有白蓮池〔張志〕舊殿礎下有鰻井〔李志〕云相傳靈鰻大如椽明腹首白色每見則必雨萬歷二年僧智榮重建〔李志〕國朝順治丁亥僧淨地募邑人袁士臯建大殿改北向馬元宰建大悲閣於殿後〔道光李志〕道光七年僧廣進重建大悲閣〔新纂〕同治九年脩閣元宰派孫助貲

廣愛寺〔嘉泰志〕在德政鄉漢乾祐三年於古寶安寺基上建號德政院宋大中祥符元年七月改今額〔夏志〕吳赤烏二年建明洪武時廢正統初重興

瑞峯寺〔夏志〕在縣北七十里五十五都建號椒始未

考宋存今額明仍舊

佛果寺　嘉泰志在縣北東土鄉乾德二年建號保福院治平三年正月改佛果院會稽志在縣東南七十里有東西駱駝峯九井巖鳳凰窠鎸詩竹塔院諸勝順治二年僧融一重脩弟子庶瞻闡法於江陰

院

永昌道院　李志舊爲永昌菴在鹿胎山巔喻一仲建喻少屏又於西側建屋三楹以祀三官道光李志今前爲雷祖殿更建後殿以祀斗姥新纂咸豐辛酉冦燬同治八年喻坤經理重建西側三間

法華院（夏志）在縣治東二百步唐龍紀元年建今廢

南巖廨院（夏志）在縣治東二百步唐龍紀元年建今廢

瑞象院（夏志）在縣治東二百步東隅聯桂坊唐景福元年吳越王建後廢（周志）萬歷四年西隅民黃尙國請於知縣譚禮重興徙五十四都西嶺西捨田地十餘畝大理卿平湖陸光祖給扁

積穢禪院（新纂）在一都東嶽廟前

白雲院（張志）在四明山高堂明天啟間僧楚生建國朝康熙戊申僧復新之

廣積院　張志在靈山鄉康熙間夏明泉僧不偏建

湧金古院　張志在四明山蛇峭之東劍峯之西

慈雲禪院　張志在十一二都金庭鄉即漁溪古迴峯菴康熙庚申年明相機禪師重建

金庭禪院　張志即古金庭觀因觀廢改爲禪院

翠虬禪院　張志在縣東六十里孝嘉鄉以古松得名王氏建初名眞相祠僧仁祥與智覺重建

天屋禪院　李志在縣北二十都碑山莊後明萬歷十七年僧佛身建徒孫能富能仁置田百畝尋廢　國朝康熙十九年僧無二重建司李徐一鳴襄其事又燬僧

白亮菴

永寧禪院〔張志〕在餘糧嶺東十九二十都康熙八年僧本頂買基創建置田二百餘畝地五十畝永爲接衆施茶費本頂新昌呂氏子

指西禪院〔李志〕在桂巖　國朝僧智遠募應嗣稷建

西明禪院〔道光李志〕即道場巖萬歷丙子四十七都湖蔭莊張綱遊至道場巖見山明水秀可爲隱脩之所遂創建焉并置田三十餘畝

解珠禪院〔李志〕在縣西四十都尤家邨順治十六年僧明淨實德募里人過思美建知縣焦恒馨題額

龍鳴禪院〔新纂〕在長樂莊

資聖禪院〔新纂〕在長樂鄉四十一都陽明廟東

永明禪院〔李志〕在四十七都湖蔭莊明萬歷二十七年張曰明建 國朝康熙間僧智禧拓大之〔道光李志〕道光二年僧清一重脩

玉虛道院〔周志〕在清化鄉四十八都元隱士張倫建裔孫張文禮脩

觀

桃源觀〔嘉泰志〕在縣城東北四十里周志在通越門內 唐武德八年建在門外楊公橋側號太清宮後廢漢乾祐

三年楊施民楊育民捨基重建於門內仍改今額萬
歷府志有山門兩廡大殿屑樓按剡錄云吳越時有
東都帖曰桃源觀宮主靈逸大師陸契眞乞以錢本
回運香油未審剡縣太淸宮所彼三淸大師作眞聖
宮北帝院使用則是時太淸宮尙存又與桃源觀別
爲一區矣張志明洪武十五年置道會司於殿左成
化十二年水入城頹圮宏治七年楊克明克誠等助
捐重建大殿後楊蘊淸允淸等重脩嘉靖三十三年
提學副使阮鶚檄知縣吳三畏建慈湖書院於道會
司所後燬里民改作吳公祠　國朝順治十二年知

縣吳用光重建

金庭觀　嘉泰志在縣東南七十二里孝嘉鄉道經云王子晉登仙是天台山北門第二十七洞天桐栢洞中三十五里見日月下見金庭壁四十里唐高宗時賜名金庭觀宣和七年改崇妙觀舊傳王右軍讀書樓爲觀初名金眞觀後改金眞宫至宋齊間褚伯玉居此山三十餘年後遊南嶽霍山復歸謂弟子曰從此去十旬當逝及期而終年八十有六原注史言齊高帝迎之辭疾勅於剡白石山立太平館居之與圖經少異眞誥云上虞吳曇者得許承一瓢贈伯玉亡授弟子朱僧標歷代寶之可受一斛

唐先天間道女道士詣金庭觀投龍因見此瓢遂持以進今觀之東廡有王右軍肖像又有墨池鵞池

庵

靈岫庵　周志即鹿山書院之左故圓超寺古庵址鹿山八士與書院並建肖佛身仁陽住持

明度庵　道光李志在城中清河坊明崇禎間兵備道王心純爲第四女建女生而髮白守貞不字故建是庵以爲潛脩之所新纂後傾　國朝道光間貞女盧氏與徒章氏募建正殿廊楹

幽遠庵　李志在惠安寺側新纂今廢

高湖菴（周志）在縣西宣德中建爲惠安寺下院

放生菴（李志）在西門外前有觀生閣明周司空汝登建（新纂）國朝姜君獻詩并叙海門周先生開鹿山書院闢發艮知奥旨山之麓卽剡溪也嘗放生於溪因立石禁止網捕顏曰放生池隨建菴曰放生菴閣曰觀生閣使登臨者暢然領魚躍鳶飛之趣謂非先生及物之仁乎詩曰直上危樓破大荒括蒼天姥兩微茫三春浪湧圖南溟六月潮平瞟石梁闡性鹿山山月白宏仁剡水水雲香先生明德同河洛今日登臨頌一章

三脩菴（道光李志）在城東隅老義學前

棲賢菴（周志）在瑞象院右尼法信捨奉觀音大士僧佛身塑周夢秀像於前殿署嵊教諭程克昌給扁

福壽菴（道光李志）在城東隅 國朝乾隆四十三年

尼道眞建并置田二十五畝〈新纂〉徒源成置吴宅坂田八畝同治六年徒孫洪覺重修置菴邊菜園

惺廬菴　〈新纂〉在東門外濠南

天華菴　〈新纂〉在東門外濠曲前爲八角菴

曠園菴　〈新纂〉在東門外鐵佛寺南汪垧宇派下建

慈芳菴　〈李志〉在東門外　國朝康熙三十二年李光華捨基僧德端建僧置俗捐共田百畝〈新纂〉咸豐辛酉燬同治四年僧原化重建大殿

紫雲菴　〈李志〉在北門内武安王廟後明丁永忠建〈新纂〉今圮

氷玉庵〔新纂〕在北門内　國朝咸豐九年諸生鄭鴻
鈞建正殿兩側同治二年其嫂汪氏重脩置田十六
畝地六畝

靜修庵〔道光李志〕在北門外　國朝道光四年任朱
氏募建趙氏助田五畝任朱氏自捨田三畝〔新纂〕同
治三年尼本源募修

定心庵〔周志〕在縣北二里星子峯下東隅知縣王玉
田捨基僧成熙建舊名剡坑菴邑通判周震改今名
菴有僧佛身道人應祀來往其間戒行森嚴護持之
大理卿嘉興陸光祖有記〔李志〕後僧佛身徒法瑞拓

大之　國朝順治九年僧本頂重建

星峯菴〔道光李志〕在星子峯麓乾隆乙未邑人王秀春徐祖培捐建教諭李增記兒文翰志

藥師菴〔李志〕在一都里人王廷玉建

望台菴〔李志〕在南渡　國朝康熙二十九年諸生宋大猷建置田三十餘畝〔新纂〕復置菴東石塔田十餘畝

法雨菴〔新纂〕在方山鄉一都黄塘沿

福麟菴〔新纂〕在縣南五里方山鄉一都

廣福菴〔新纂〕在縣南十里一都

香積菴新纂在縣南一都𤰞塍莊

鎮陽菴新纂在縣南方山鄉一都章村路

毓秀菴新纂在縣南方山鄉一都周塘沿

隱修菴道光李志在仁德鄉二一都黃塘橋莊

康樂菴李志在縣東二十里過港謝公廟東首一名

鳳山菴以後有飛鳳山故名又有身公塔新纂道光

丙申年三四兩都重修

紫明菴道光志在五都李家洋

普濟菴道光志在五都杜潭　國朝乾隆五十五年

里人重脩

松竹菴　栢菴　西菴　〔道光志〕在五都

十方菴　沙地菴　〔道光志〕在崇信鄉

千華菴　〔新纂〕在縣東二十里崇信鄉五都大屋庠生葉廷侯建

吉慶菴　〔新纂〕在崇信鄉大屋

耕菴　〔李志〕在四明山大石厂上僧知遠建李茂先記見文翰志

雲水菴　〔新纂〕在六都浦口總管廟後婁姓捨建

大慈菴　〔新纂〕在七都明萬歷間裘性光張茂仁同僧慧文建喻姓助琉璃田〔道光志〕國朝康熙雍正間僧眞顯祖來前後修葺後圮道光二年僧永德重修

西爲福壽居張茂仁舊建於筮節鄉與室卜氏誦經之所後圮嘉慶閒張一貫徙建於此

傳心庵　李志在七都花鈿莊明嘉靖閒楊祖慶建置田七十餘畝　國朝乾隆十五年僧元睿重修嘉慶二十三年僧美泉重建前殿修葺後殿兩側

永慶庵　道光李志在七都棠溪吳姓建置田八十畝

巵山庵　新纂在崇信鄉七都新建烏橋山尹氏重建一正兩廂庵前置田三十餘畝庵後置山三十餘畝

華嚴庵　新纂在筮節鄉陶家莊丁朝顯助田三十餘畝同僧濟惠建造殿宇

種玉菴　李志在縣東筵節鄉八九十都　國朝康熙二十二年張茂遴建

勝樹菴　李志在陳家門坂康熙四十四年僧一開置田二十畝零其徒遜宗成章又置田四十畝

福慶菴　道光李志在八九十都明嘉靖間楊祖慶建置田六十餘畝　按李志祖慶卒葬菴側迄今寒食日僧與七都傳心菴僧邀其子孫爲墓祭云李志與傳心菴俱作一都誤

桂林菴　道光李志在八九十都花鉚

永福菴　道光李志在八九十都

種香菴　道光李志在八九十都里人魏文信建後廢

國朝嘉慶二十三年派孫重建

瑞麟菴〔道光李志〕在八九十都 國朝乾隆閒魏曰文建置田二十八畝

淸源菴〔道光李志〕在八九十都庠生魏剛妻姚氏遵夫遺命建置田三十畝

臥龍菴〔道光李志〕在嶀口臥龍山貢生王儆弦建并置田百畝

慶永菴〔道光李志〕在八九十都 國朝康熙九年僧恒明創建嘉慶二十二年僧月亮月果重建大殿〔新纂〕同治三年僧妙道重建大殿側樓

嘉善菴【道光李志】在八九十都

蓮花菴【新纂】在八九十都東郭莊竹常年連三建

法華菴【新纂】在縣東十五里筮節鄉康熙間僧大通建平屋三間乾隆四十五年僧珖光大光建大殿東西側樓金大通崇佳創捐田地山六畝零大銓大和世福捐山田大銓同列碑

西趾菴【新纂】在縣東十五里筮節鄉有田地三十餘畝

清福菴【新纂】在縣東筮節鄉八九十都東郭莊里人竹興蛟捨基子肇封捐建

靜華菴（新纂）在簽節鄉康熙乙酉魏永錫建

誠正菴（新纂）在簽節鄉湖頭莊十方募建

歸雲菴（道光李志）在靈山鄉十一二都舊名半山菴

國朝嘉慶間改今額

建福菴（道光李志）在縣東十一二都　國朝順治間僧戒脩徒圓悟行秀建乾隆間僧清源重修置有田畝

廣福菴（新纂）在縣東三十里十一都許宅康熙三十四年丁振美建置田十七畝道光間仲仁仲義仲禮派裔同僧妙道重建

清福菴　新纂在縣東許宅乾隆十四年丁茂芝建置田地山五十餘畝咸豐九年大殿將圮與二十二十一派裔同僧本欽重建

隱溪菴　道光李志在漁溪莊三十六都趙宅王尙明建置有田地山園三十餘畝　國朝道光五年派孫重修

大邱菴　新纂在縣東金庭鄉漁溪明萬歷間辛十三建　國朝同治六年重建

觀音菴　新纂在縣東漁溪明萬歷間日昇建

遏雲菴　新纂在漁溪龍開口巖左首巖內爲龍王菴

外爲聖明菴

毓瑞菴　李志在縣東金庭鄉邑人袁祖軻莚置田四十餘畝

潛菴　李志在金庭鄉十四都濟渡之岊山里人王心一建

爐峯菴　道光李志在十四都濟渡　國朝康熙丙戌年建道光六年里人重修

毓麟菴　新纂在十四都華堂道光二十六年戚尚義建

德隣菴　麟瑞菴　翠羅菴　新纂在十四都華堂

博濟菴　守祠菴（新纂）在華堂

集峯菴　鎭福菴（新纂）在十四都巖頭

正陽菴　迴龍菴（新纂）在巖頭

萬春菴　恒福菴（新纂）在十四都觀下

福慶菴　迴龍菴（新纂）在十四都上塢

興福菴（新纂）在十四都念石莊

朝陽菴（新纂）在金庭鄉十四都陳公嶺

集福菴（新纂）在十五都孝嘉鄉廟側

守山菴（新纂）在十五都鼉頭山

凝瑞菴（新纂）在十五都嶺下

善慶菴 〔新纂〕在十五都櫸樹灣

毓秀菴 〔李志〕在孝嘉鄉諸生史景奇建

鳳翔菴 〔道光李志〕明成化九年史仕頒建

鎮福菴 〔道光李志〕在孝嘉鄉十五都嶺堂丁大望建

月峯菴 回春菴 〔新纂〕在縣東孝嘉鄉靈鷲

鎮龍菴 慶先菴 〔新纂〕在靈鷲

廻龍菴 〔新纂〕在十五都蔡家莊明蔡伯安捨建

永興菴 積善菴 〔新纂〕在蔡家莊蔡正達捨建

眞福菴 〔新纂〕在十五都韓姓捨建

龍福菴 〔新纂〕在十五都明蔡國興建

正陽菴　道光李志在縣東忠節鄉十六都

復果菴　道光李志在縣東忠節鄉十六都

成福菴　道光李志在十六都唐塢嶺

永福菴　道光李志在十六都松溪成李儲三姓建

慧濟菴　道光李志在十六都

全眞菴　新纂在土塊嶺巔又十六都水口有雲峯菴乾隆間錢單周三姓重建

永福菴　新纂在縣東忠節鄉十七都壺潭莊

水口菴　新纂在忠節鄉唐田村口兩山對峙一水中流縈廻有致

紹台菴　新纂在十七都蘆田又有廣福菴

積福菴　新纂在忠節鄉棠溪

常樂菴　新纂在十七都唐田許家岡

値福菴　新纂在西晦溪又後岡王家莊有蓮花菴

碧雲菴　新纂在忠節鄉石鼓里石門

壽松菴　新纂在十七都陳大坑

青霞菴　建福菴　新纂在十七都俞家坑

古勝菴　新纂在縣東遊謝鄉十八都石舍莊明任守庚妻俞氏建產析五股四子得四其一爲菴業

水口菴　新纂在遊謝鄉下王村下里許祈禱多驗同

治元年寇燬里人重建

護龍菴【新纂】即它山菴在縣東五十里十八都上嶺置田二十八畝內盧田坂田十畝作捨主齋田道光二十八年童仍濂重修并造文武殿暖閣

王公山菴【新纂】在縣東十八都童德華與俞姓建

法寶菴【新纂】在縣北遊謝鄉十九都明萬歷三十一年僧智和創建施主徐張二姓立有碑記崇禎癸酉僧美泉建藏經閣　國朝道光間僧海山重修咸豐七年僧蓮慶重修

豹伏菴【李志】在縣北十九都康熙二十九年僧洪濟

建置田二十餘畝

靈源菴 李志 在縣北十九二十都明成化十三年建

東屏菴 李志 在縣北遊謝鄉十九二十都康熙十年生員張治建

芝興菴 李志 在縣北十九二十都徐廷芝建

福慶菴 新纂 在縣北遊謝鄉二十都明嘉靖甲寅徐廷槐建置田五十三畝 國朝咸豐十一年寇燬同治八年重建

隆慶菴 新纂 在遊謝鄉二十都明嘉靖戊午徐廷槐子尚能建置田二十畝

水陸菴〔新纂〕在遊謝鄉二十都白巖明嘉靖己未徐
廷槐建置田九畝零
靜德菴〔新纂〕在二十都仙巖鎮明崇禎間王承慈建
延慶菴〔道光李志〕在縣北四十里
石泉菴〔道光李志〕在縣北靈芝鄉二十一都
西菴〔道光李志〕在靈芝鄉二十一都　國朝康熙初
祝應相建乾隆元年重建置田三十五畝零
仁壽菴〔道光李志〕在靈芝鄉二十一都　國朝康熙
六十一年僧照臨建乾隆十八年沈姓徙址重建
金峯菴〔道光李志〕在二十一都　國朝康熙間僧元

明自一建置田三十畝乾隆丁未僧立宗毓秀重建

〔新纂〕黃文昇捨田一二分五釐之姑存 同治八年僧了行

戒淨重脩 是菴先後僧置產八十餘畝同治九年邑令陳仲麟撥田三十七畝詳充芝山書塾

望竺菴 〔新纂〕在縣北二十一都乾隆癸巳王勍五建

龍興菴 〔新纂〕在靈芝鄉十二都車騎山麓郎桐亭

舊址 李剛三及孫輝之建冠燬同治卅年派孫仝僧本參重建

月心菴 〔道光李志〕在崇仁鄉二十三都溪灘莊裘三

貞建

舍利菴 一永思菴 〔新纂〕在二十三都下安田

福緣菴 〔新纂〕在二十三都船口乾隆初僧毓秀建置

田十餘畝乾隆五十四年徒可甯重修

水澄菴　新纂在二十三都官莊

清泉菴　新纂在崇仁鄉二十四都秀才灣

鼎新菴　福盛菴　積善菴　新纂在二十四都應桂

巖

聽泉菴　新纂在縣西崇仁鄉裘可由讀書處圮道光戊戌世鎬震元正元倡捐拓建咸豐辛酉右側寇燬同治甲子體敬體玉募建

青龍菴　廣度菴　新纂在二十四都下應

集慶菴　新纂在二十四都烏石衕

福泉菴　新纂在孝節鄉二十五都胡振乾捨基建胡振明助田十畝零

顧復菴　道光李志在二十五都泥塘僧智淮建

指月菴　道光李志在二十五都泥塘僧隱西重建

中隱菴　李志在縣西孝節鄉二十五都雍正二年僧道光就廢址重建并置田供香火

雨華菴　李志在逹溪一名滴水巖明萬歷間僧古愚建僧聖因聖由又於巖東建大悲殿置田二百餘畝　新纂　國朝乾隆四十四年知縣胡翹楚因僧俗訐訟詳充剡山書院膏火田五十畝零塘四分科舉路

費田四十九畝零
晚翠菴（道光李志）在逵溪　國朝順治間僧正信置
地建
義成菴（道光李志）在縣西二十五都　國朝乾隆間
李則龍王晉範同建
四明菴（道光李志）在二十五都洧源菴僧靜傳創建
宿鳳菴（新纂）在二十五都王家莊明天順四年王維
善建
淨土菴（新纂）在孝節鄉二十五都孫胡周三姓共建
并助田二十餘畝道光間遷基重建

積慶菴〔新纂〕在二十五都宋家墩

蘧菴〔新纂〕在縣西二十五都王家莊　國朝順治十一年王萬雲董大道同建

福泉菴〔周志〕在縣西二十六都大理卿嘉興陸光祖記畧嵊縣山谷間有精舍曰福泉菴先有比邱成瑞成昌性藏佛習與道侶楊隆張德保馬義壽求方凡八人以同學佛募財置建已而八人者皆逝世其徒法成復增置田產居焉里有大姓欲奪而有之因搆訟凡更三四官皆判歸法成大姓惏心未已至聞於前撫院謝公下太守彭君覆訊服上其事於今督撫徐公命檄縣給帖立石以示將來菴自是始定

祥雲菴〔新纂〕在二十六都福泉山麓明馬龍山子惟聖建　國朝道光間燬於蟻龍山裔孫重建其北爲

祇園菴明馬福菴建其南爲東明菴明馬福菴與馬大崇合建其西臨溪爲龍口菴明馬龍山建又西踰仁村爲祈昌菴明馬靜山建道光間僧悟眞募貲購銅得八百觔於祥雲菴鑄鐘每晨夕叩之聲洪甚鄰剎鐘聲以次應亦禪林逸韻也

西渡菴〔新纂〕在二十六都新官橋明馬天然建國朝道光間天然裔孫與天性裔孫紳士重葺

盛芝之菴　六也菴〔新纂〕在二十六都馬家坑

福壽菴〔新纂〕在二十六都西山樓莊馬高五建

興福菴〔道光志〕在二十六都任張氏建

九蓮菴〔道光志〕在縣西十里孝節鄉二十六都李家宅李文美創建置田八畝

大悲菴　護龍菴〔新纂〕在二十六都趙馬

報國菴〔新纂〕在孝節鄉二十六都福泉山西麓馬高五建雲秀助基

秀峯菴〔張志〕在縣西永富鄉二十八都行僧德錦建今其派最盛江南省城皆有謂之秀峯派

蓮峯菴〔新纂〕在永富鄉二十八都淡山莊湖塘山陳董馬尤四姓建

福瑞菴〔新纂〕在二十八都淡山莊陳董馬三姓建

仁壽菴 〔新纂〕在永富鄉二十八都高塢康熙間敬思派裔建

柏楨菴 〔新纂〕在二十八都張家 國朝乾隆四十一年張作仁妻任氏建捨基助田園

守莊菴 〔新纂〕在二十八都高塢明嘉靖間建

長慶菴 延壽菴 〔新纂〕在縣西三十里永富鄉

聽泉菴 水口菴 〔新纂〕在永富鄉

茂林菴 〔新纂〕在二十八都三畝頭莊宋時爲兩姓所建元時頹圮明嘉靖間張姓重建置田十餘畝

太平菴 〔新纂〕在縣西三十餘里永富鄉

界盛菴【新纂】在二十八都上相莊相孟義創建

養德菴【新纂】在上相莊相孟義派孫建

金峯菴【新纂】在永富鄉二十八都三懋樓莊康熙丙寅張舜典建置山田地十餘畝乾隆丙申曾孫君法重脩

清節菴【新纂】在縣西四十里富順鄉三十都俞民進妻費氏側室王氏建置有田地十二畝載於碑

碧雲菴【新纂】在富順鄉三十都下王坂張華仁妻馬氏建置有田地

福慶菴【新纂】在三十都蔴挺坂乳母橋頭俞文岳建

置田地三十餘畝

福聖菴（新纂）在三十都溫泉廟左首張純十建置田地五畝零

積善菴（新纂）在三十都蘆塘坂張純十建置田地十畝零

了生菴（新纂）在三十都張新屋井頭兩房建置田地十畝零

後崗菴（新纂）在三十都白柴丬張新屋井頭兩房建置田地十餘畝

廣濟菴（新纂）在三十都箬帽墩張子恕建置田地四

畝零

西鎮菴【新纂】在富順鄉三十都張井頭房建置田地二十餘畝

積善菴【新纂】在縣西四十五里三十都雅安張必超孫仁發建置有田地

增福菴【新纂】在縣西四十五里三十都福坑口

蓮花菴　雪均菴　善福菴【新纂】在縣西三十都企貂嶺下金大衆建各有田地

鎮東菴【新纂】在縣西四十里富順莊張邦弼捨田地九畝零樓一永明捨田地四畝零以藥餘年

前崗菴　新纂在三十都白柴弄張井頭房建置田地五畝零

正覺菴　新纂在富順鄉安家王德明裔孫允忠等與僧了昶同修

紫麟菴　新纂在縣西四十五里富順鄉前村莊街東錢登甫建置田地十餘畝

太陽菴　新纂在富順鄉前村莊街西錢成文成龍建置田地十餘畝

永福菴　新纂在三十都富順莊黃宗明建置田地二十餘畝

紫泉菴　加會菴　新纂在縣西三十都西靑莊

靈山菴　道光李志在富順鄉三十一都黃箭嶺下

國朝康熙間黃蘭一僧學僧覺建

永福菴　西聖菴　道光李志在三十一都和尙菴董

承祚承文建

永進菴　道光李志在三十二都小崑　國朝乾隆六

十年馬行義建置田六十畝

興福菴　新纂在三十三都長坑莊李忠義建

守墓菴　新纂在三十三都淡竹莊孫邦相創建

鵲麟菴　新纂在三十三都淡竹莊裘政相等捐建

石井菴〔周志〕在縣西崇安鄉三十三都金大海捨建

四顧坪菴〔張志〕在三十三都今名永福菴邑人張爾熾重建昔湛禪師悟道處

慈雲菴〔李志〕在下院莊康熙八年僧渠成置基建新𥳑道光間圯錢章璜重建

華家塢菴〔李志〕在三十三都僧佛完建

法華菴〔道光李志〕在三十四都徐家培駱漢臣等捐建置田畝以供香火

秀水菴〔道光李志〕在三十四都溪西黄爾達建置田十六畝零

鎭福菴　道光李志在三十四都嶺下張董朋建置田
十餘畝

望西菴　道光李志在三十四都范油車范東祖建置
有田畝

崇前菴　道光李志在三十四都一名何家菴

報國菴　道光李志在三十四都下相夏必沾建

迴龍菴　道光李志在三十四都丁家丁氏重建置田
十八畝

祠義菴　道光李志在三十四都下相夏勝修建置有
田畝

回鎮菴〔新纂〕在縣西四十五里三十四都陸家陸永昂建置田地十畝零

護龍菴〔新纂〕在縣西崇安鄉三十四都樓家樓氏公建

永思菴〔道光李志〕在羅松鄉三十五都白竹裘師建置田十餘畝

護龍菴〔道光李志〕在三十五都白竹裘成美建置田十餘畝

白竹菴〔周志〕在三十五都白竹

積慶菴〔道光李志〕在三十五都袁家袁德顯建置田

十餘畝

水口菴（道光李志）在三十五都星堂周岐山建置田

十餘畝

廣福菴（道光李志）在三十五都朱邨陳仁安建

錫福菴（新纂）在石璜乾隆間建先後捐田十畝

永福菴（道光李志）在三十五都沈邨沈姓建

迴龍菴（道光李志）在羅松鄉三十六都陸家置田十

二畝零

水口菴（道光李志）在三十六都新渥張林元建

龍濟菴（道光李志）在三十六都趙宅王姓建置田十

餘畝

永凝菴（道光李志）在三十六都渭沙吳姓建置有田畝

迴龍菴（道光李志）在三十六都趙宅王姓建置田畝

水口菴（新纂）在三十六都孔郵黃道成派建

種福菴（新纂）在三十六都大仁寺根置田十八畝

月泉菴（新纂）在縣西四十里羅松鄉三十六都下城陳姓四房建置田十四畝

化成菴（道光李志）在剡源鄉三十七都錢姓建置田二十四畝（新纂）咸豐辛酉燬同治丁卯錢姓重建

樂善菴〔道光李志〕在三十七都瓊田錢蘭一建置田十餘畝〔新纂〕咸豐辛酉燬同治丁卯錢姓重建

崇福菴〔道光李志〕在三十七都山口錢姓建置田三十餘畝〔新纂〕咸豐辛酉燬同治丁卯錢姓重建

鼎濟菴〔道光李志〕在三十七都山口錢姓建置田四十餘畝〔新纂〕咸豐辛酉燬同治丁卯錢姓重建

永福菴〔道光李志〕在三十七都下王張恩興建　國朝雍正間張氏重修置田四十八畝零地十六畝山八畝零

鎮龍菴〔道光李志〕在三十七都下王張舜卿建　國

朝嘉慶間張氏重修置田地十餘畝

望雲菴（道光李志）在三十七都下王張珏建　國朝乾隆間張承恕重修置有田畝

聽松菴（新纂）在縣西三十七都咸豐辛酉燬同治八年貢生錢登岑國學生錢元位重建

紫雲菴（新纂）在三十七都金村康熙間張家莊張肖山建捐山地田畝列于碑

永慶菴（新纂）在剡源鄉道光十三年僧俗訐訟邑紳周卜澗等呈請知縣蔣嘉璋詳充童試費田四十四畝六分零塘一分正

終慕菴〔道光李志〕在太平鄉嘉靖間里人邢舜衡建

水月菴〔道光李志〕在太平鄉洪武間里人邢仕初建

廣德菴〔新纂〕在縣西太平鄉三十八都石碑莊里人劉和志建

寶善菴〔新纂〕在太平鄉三十八都橫店莊

寶林菴〔李志〕在長樂鄉　國朝康熙間僧瑞明建里人共襄成之

廣德菴〔新纂〕在長樂莊曹娥廟南

廣濟菴〔新纂〕在長樂莊

鎮西菴〔新纂〕在長樂莊晏公廟後

西竺菴〔新纂〕在長樂莊關王廟東

孝思菴〔李志〕在長樂鄉明崇禎間里人錢進吾同妻邢氏女守光建以奉先故名〔新纂〕菴前有井水頗清冽里人資烹茗焉

雨花菴〔新纂〕在長樂莊黄氏建

鎮北菴〔新纂〕在長樂莊

錢家嶺菴〔道光李志〕在長樂鄉四十一都道光四年貢生錢釗建

普濟菴〔李志〕在四十都三縣巖頂明洪武三年邑人屠氏捨基建　按周志並無知府白玉捐田三十六畝事後爲張志所增李志因之屠氏爲

呂道素妻乾隆間錢呂二姓控訟不已知縣蕭起鳳審斷菴產聽住僧管守以為永遠香火之費餘不得干預以杜覬覦茲仍從周志錄之

月池菴（道光李志）在縣西南七十里呂一嵩建菴前有池似月故名

保障菴（道光李志）在長樂鄉金潭崇禎間過允益建

大悲菴（道光李志）在長樂鄉金潭

響屏菴（道光李志）在長樂鄉厚仁莊

問渠菴（新纂）在長樂莊明錢敦禮創建　國朝道光己亥其裔孫釗重建增廓之

元通菴（新纂）在縣西南長樂鄉四十都雅安莊朱景

定二年叅議呂諒胥龍山子孫就山麓結廬守望元
初諒派裔拓而大之後枕山梯而上爲青霞菴
復慶菴（新纂）在縣西南長樂鄉四十都後宅莊咸豐
七年呂宗楷宗望建
福成菴（新纂）在長樂莊東之雪嶺道光十八年錢釗
重建
寨嶺菴（新纂）在縣西六十八里道光閒錢釗重建
毓秀菴（道光李志）在開元鄉周伯鋭建
秀水菴（道光李志）在開元鄉
東濟菴（道光李志）在開元鄉

永濟庵〔道光李志〕在開元鄉周瑞卿建

萬松庵〔新纂〕在四十二都上圓山開元周瑞卿建

點石庵〔道光李志〕在開元鄉　國朝嘉慶二十一年貢生錢珍建

合璧庵〔道光李志〕在縣西繼錦鄉四十三都

護勝庵〔道光李志〕在四十三都上沙地捐助置田二十餘畝

廣濟庵〔道光李志〕在四十三都上下沙地宅根捐助置田十餘畝

永福庵〔道光李志〕在積善鄉四十四都前王乾隆間

郭立瑞建置田十餘畝

鍾秀菴（道光李志）在四十四都下路西張克信派下

重建

永甯菴　五福菴（新纂）在積善鄉四十四都上路西

張潮六派建

瑞林菴（道光李志）在四十五都東張　國朝康熙間

張濂文建置田十八畝

餘慶菴（道光李志）在四十五都黃泥山　國朝康熙

閆袁雷建捨田十二畝

寶善菴（道光李志）在四十五都塘頭周連二連三建

萬壽菴（道光李志）在四十五都塘頭周明八思校思

滿同建

望西菴（道光李志）在四十五都塘頭　國朝嘉慶間

僧俊榮建

永濟菴（道光李志）在四十五都塘頭　國朝嘉慶間

僧端理建

凝福菴（道光李志）在四十五都宋家　國朝順治間

宋松三派孫捐建并捨田十餘畝

鎮東菴（道光李志）在桃源鄉四十六都王箭坂袁姓

建

刻石菴（道光李志）在獨秀山（新纂）內裝觀音像靈應

不著道光十六年僧自願募建大悲閣

紫雲菴（新纂）在桃源鄉四十七都湖蔭莊張成二建

嘉慶十六年張式鰲重建

永盛菴（道光李志）在淸化鄉四十八都雅堂置田十

餘畝

龍居菴（道光李志）在四十八都雅堂置田十餘畝康

熙閒金時壽妻胡氏建

鎭東菴　啟明菴（道光李志）在四十八都後朱李仲

昌建置田三十餘畝

福田菴（道光李志）在四十八都東湖塘張鼎三建

邕河菴（道光李志）在四十八都西金金張兩姓建

鎮東菴（道光李志）在四十八都魏家橋張武德建

會善菴（道光李志）在四十八都魏家橋張家積建

鎮龍菴（道光李志）在四十九都浦橋　國朝雍正四年史及隱天榮將祖簡菴基地捨建嘉慶二年史積和積治等倡義重建

鎮龍菴（道光李志）在四十八都楊橋陳操建置有田畝

龍鷲菴（道光李志）在四十八都范邨鷲山麓處士張

㷍建
國慶菴〔道光李志〕在四十八都范郚竺昇建
陽强坑菴〔道光李志〕在四十八都陽强坑山范郚張
竺兩姓建
清化菴〔道光李志〕在四十八都楊廟之左溪濱張以
滔建舊名長盛菴
福勝菴〔李志〕在四十九都白泥灣里人俞松建〔新纂〕
道光十一年知縣言尚熙因僧俗訐訟詳請撥充童
試戶田二十七畝零塘五分三釐
積福菴〔新纂〕在四十八都杜山章周袁三姓建

瑞雲菴〔新纂〕在四十九都白泥墩王善恭重建

福泉菴〔新纂〕在四十九都巖下山白泥墩王富仁捨

護福菴〔李志〕在四十九都江田史起禎建

瑞峯菴〔新纂〕在清化鄉朱家堰莊

存心菴〔新纂〕在四十八都招龍橋支興榮建

潤峯菴〔新纂〕在四十八都招龍橋袁姓建

寶相菴〔新纂〕在縣西清化鄉四十九都史寶元建

天興菴〔道光李志〕在金盤山　國朝乾隆癸亥僧玉

瀛募建置田四十畝零

廣福菴〔道光李志〕在五十都萬歷閒僧法盛建能華

進道續置菴産　國朝嘉慶間顯峯重建大殿

永鎮菴（道光李志）在五十一都嶺根獨山上乾隆間重建置田五畝零

福全菴（道光李志）在五十一都嶺根下　國朝康熙間建

高照菴（道光李志）在五十一都嶺根下　國朝康熙間陳啟高建

萬善菴（道光李志）在五十一都西施巖　國朝嘉慶間葉士廉派孫建捐田五畝零

隆慶菴（道光李志）在五十一都白巖　國朝康熙間

張姓建捨田二十餘畝

福明菴（新纂）在五十一都下葉村

瑞凝菴（新纂）在五十一都麗湖莊沈学念建置田二十餘畝

心月菴（新纂）在禮義鄉葉村上嚴里菴前有石夫人碑長樂錢氏祖也宋理宗時朝散大夫曾黯撰樂安顧碩會稽羅紘皆有詩

水口菴（新纂）在五十一都大坵巖　國朝道光間陳吉求建

思德菴（新纂）在五十一都西景屏道光間建

烏鳴菴（新纂）在五十一都平頭村下道光間建

東鎮菴（新纂）在五十一都高田莊

白雲菴（新纂）在五十二都宋時建　國朝嘉慶十九
年僧廣運重建

鳳凰菴（新纂）在縣南禮義鄉五十二都鳳凰寨山宋
時建置田三十七畝零乾隆三十九年苑平僧如鵬
重新道光己亥僧覺安瑞舟重建大殿同治七年僧
仁化建兩廊樓屋

菩提菴（新纂）在五十二都西陳僧如鵬重新

萬壽菴（新纂）在五十二都大坑莊

福林庵（新纂）在縣南三十里禮義鄉五十二都長安莊圯同治丙寅王夢龍裔孫重建

嚮積庵（李志）在燕尾峯明嘉靖間僧三七創萬曆間僧平山拓建之　國朝康熙初僧應徵海涵海覺培葺

福田庵（新纂）在縣南二十里昇平鄉五十三都橋裏莊　國朝乾隆間僧大文天道建道光二十二年妙洪重修置田二十四畝

永福庵（新纂）在縣南十五里五十三都燕窠莊

永鎮庵（新纂）在縣南十五里五十三都巖下莊

龍門菴　〔新纂〕在縣南十五里五十三都茶坊

塔園菴　興福菴　〔新纂〕在縣南二十里五十三都橋

裏

月秀菴　〔新纂〕在縣南五十三都茶坊莊

郁蘭菴　〔新纂〕在縣南十里五十三都南田莊

望白菴　〔新纂〕在縣南五十三都南田張趙兩姓建

聖德菴　〔新纂〕在縣南五十三都下南田

雨花菴　〔新纂〕在縣南十五里五十三都上碧溪玉屏

山麓石有夫人廟

凝瑞菴　〔新纂〕在縣南五十三都高家莊

福勝菴 新纂在縣南昇平鄉五十三都牛塘莊張宗進建乾隆三十七年派孫重修捨田十二畝山塘十一畝零

鎮龍菴 道光李志在五十三都和尚山 國朝康熙間竺姓建捨田十餘畝

法雨菴 李志在白沙地 國朝順治十七年史少泉妻馬氏建康熙丁亥釋省凡善賦詩知縣張逢歡顔其齋曰林泉託足

鎮龍菴 新纂在縣南五十四都中央宅趙諫趙德淵建

法輪菴 〔新纂〕在中央宅趙思敬建

福菴 〔道光李志〕在五十四都小䃅趙清喰建

永昌菴 〔李志〕在五十四都里民趙昌之建

汭源菴 〔道光李志〕在昇平鄉明洪武間馬仁傑建

擷秀菴 〔道光李志〕在五十五都董景隆妻鄭氏建

碧雲菴 〔道光李志〕在五十五都 國朝康熙三十六年錢坤山建

大乘菴 〔新纂〕在縣北六十里德政鄉五十五都唐家灣吳公智英六大來建

西嶺菴 〔道光李志〕在五十五都 國朝康熙五十年

錢坤山建

墓域 義塚域

漢

會稽太守朱買臣墓　剡錄在縣北六里墓前石羊猶存買臣吳人墓在剡可疑然暨陽有買臣書堂及祠　道光李志按嘉興縣志漢朱買臣墓在縣東三里東塔寺後歲久湮廢明嘉靖間知縣盧楩爲題石碑至今猶存世傳買臣墓不一隋唐嘉話東封之歲洛陽平鄉路北市東南得石銘漢丞相長史朱買臣墓又虹縣夏邑縣俱有買臣墓今嵊縣復有墓是四見矣買臣吳人則墓在嘉興者近是又李志云買臣西漢時守郡有破甌越功郡人多立廟祀之上虞洗硯池俗謂買臣遺跡已不免附會至指墓爲在嵊則尤誤矣

晉

東陽太守阮裕墓　李志在縣東九里裕以疾築室剡山徵金紫光祿大夫未就卒葬此

右軍將軍王羲之墓　李志在金庭瀑布山又名紫藤山僧尚杲爲作墓誌藏於家新纂　國朝道光己酉裔孫秀清於金庭觀左建墓道石　李志孔奕記右軍墓在諸暨苧蘿山孫綽作碑王獻之書碑亡已久或云在會稽雲門山智永傳云欲近祖墓便拜掃移居雲門寺則在雲門者近是然今雲門無其跡也永師爲右軍七代孫雲門或其別祖墓云

山桐公墓　李志在縣東過港有高塚世傳以爲謝氏祖墓郡志稱小相公墓

處上許詢墓【李志】在孝嘉鄉濟渡邨蓋元度居濟渡卒葬焉

宋

處士戴仲若墓【剡錄】在縣北一里王僧虔【吳郡記】曰仲若死葬剡山有後人所立石表梅聖俞剡縣王簿詩應識道旁碑因風奠醪醴王梅溪詩千載戴公墓三字道旁碑紹興二年宰范仲將爲作亨堂於墓下堂今不存嘉泰三年四明樓鑰爲書本傳立碑於道左嘉定八年令史安之何夢祥重建墓亭以修時祀復於亭左右繪剡中先賢像以配之【浙江通志】元至

元二十一年庚辰縣丞汪庭恩改戴溪亭作雪溪精舍於墓左置田八十畝奇以供祀事未幾亭廢田亦并於民矣明宏治十三年知縣徐恂重建墓亭周山墓亭紀嘉定徐侯尹吾嵊幾三載政通民和百廢具舉訪求先賢遺跡得晉處士戴公之墓於城北通越門外顧瞻之餘爲之喟然太息迺與僚宷丞王公簿沈公蓮幕蔣公謀謂戴公淸名高節著於當時而聞於後世不幸饋奠無主而其墓在斯土鞠爲茂草又如此實吾長民者之責也欲爲之作亭於墓前以棲其神可乎僚宷皆曰善於是度匠作工徒之需備木石陶甓之值迺命邑民尹山吳雷以董理之作亭三間丹堊炳煥前峙大門外繚崇垣工肇於二月之望日不百日而落成焉嗚呼亭之或興或廢後先不一蓋天理有晦明人心有敬怠故耳使此亭常固不廢不有望於天理人心之常存不死者乎吾因終言之以爲後之繼尹吾嵊者告

齊

徵士褚伯玉墓【李志】在縣西白石山今名西白山南史齊高帝於此山立館居伯玉伯玉常坐一樓及卒葬焉

邑令張稷墓【李志】在獨秀山白泉塢

梁

侍中張嵊墓【李志】在獨秀山稷墓旁【新纂】咸豐辛亥裔孫持中等請入防護四季詳報

尚書漢昌侯朱士明墓【舊浙江通志】在桃源鄉烏榆山

宋

祠部石麟墓（嘉泰會稽志）在昇平鄉

兵部尚書開國侯石公弼墓（嘉泰會稽志）在仙山（道光李志）按張志以爲不可考新昌志作剡西烏榆山葢兩石公俱新昌人浙江通志引會稽志存其墓張志附見於注內李志不錄今從通志增之

姚參政墓（周志）在縣北靈芝鄉許汝霖曰按舊志姚太師舜明墓在諸暨長樂鄉子參政憲祔焉姚世居剡後遷諸暨葬宜在彼此或爲祖墓生參政者故人呼爲參政墓云

靈濟侯陳賢墓（道光李志）在縣西浦橋之上德祐十二年其孫築亭墓上奉時祀侯墓去家百步而近弟某坿焉

平章王夢龍墓〔周志〕在蛾眉山五十一都寶溪其祖

迥墓在五十二都鳳凰窠碑亭翁仲石獸猶存新昌

長潭平章鑰之祖也

刑部侍郎史叔軻墓〔夏志〕在積善鄉珂里田

天水開國侯趙仕實墓〔夏志〕在剡坑

秘書少監求元忠墓〔夏志〕在禮義鄉蓮花山翁仲石

獸見存

訓武郎高世實墓〔夏志〕在禮義鄉箭塢

和靖處士尹焞墓〔李府志〕在龍瑞宮前峰石帆山下

乾隆四十九年山陰李觀察浚原遊山至謝墅見碑

石仍在因遺書嵊令訪其遷嵊子孫於是尹璐等備
價向徐姓贖出凡三十餘畝修墓樹碑以復其舊（新
纂）咸豐辛亥裔孫請入防護
邑令宋宗年墓（李志）在大洋
樞密院副使王銍墓（道光李志）在縣北四十五里花
山
太僕寺丞求多見墓（夏志）在禮義鄉長安書院山
邑令姜仲開墓（杜春生越中金石記）葬福泉山其子
孫居江田村
華文閣學士高文虎墓（李府志）在金波山麓子似孫

葬父墓旁夏志似孫子歴墓在祖學士墓右

鄉貢進士周世則墓〔夏志〕在禮義鄉鳳凰窠

武翼大夫商鎗墓〔夏志〕在剡源鄉若竹山朝虎巖

台州通判商煥墓〔夏志〕在富順鄉無底潭山

太常簿周汝士墓〔夏志〕在二都星子峯下

太常寺簿周汝能墓〔夏志〕在遊謝鄉餘糧山

大理寺丞商之晁墓〔夏志〕在若竹山

贈紹興府撫察商良臣墓〔夏志〕在剡源鄉黃杜嶺

通直郎張俣墓〔夏志〕在剡源鄉孕秀山

提舉費元亮墓〔夏志〕在孝節鄉山

浙東路鈐轄昭度君節度使趙不怍墓〔夏志〕在剡山
西勝潭之原
朝散大夫王碼墓〔夏志〕在孝嘉鄉巖頭山陽
進士周之綱子宣子孫溶孫墓〔夏志〕俱在長樂鄉皇
覺山
進士周之瑞墓〔夏志〕在禮義鄉鳳凰窠
武翼郎趙善夼墓〔夏志〕在昇平鄉王艮畈
邑令蔣志行墓〔李志〕在北門外一里有石碑
金華知府史必裕墓〔夏志〕在積善鄉金家山
鄂州觀察支使周之相墓〔夏志〕在仁德鄉花田

國學進士周樞墓〔夏志〕在遊謝鄉八里洋

通奉大夫周之章墓〔夏志〕在禮義鄉獨龍山

台州知府求揚祖墓〔夏志〕在禮義鄉中白山

姜參政墓〔李志〕在福勝潭宋理宗朝賜祭

贛縣知縣史仕通墓〔夏志〕在舒家嶴

定城尉殉難張愁墓〔李府志〕在清化鄉靜居菴側

翰林學士商日新墓〔夏志〕在積善鄉史侍郎嶴坷里

田

朝奉郎張崧卿墓〔夏志〕在清化鄉大塘山

淮東制置司幹辦求師說墓〔夏志〕在禮義鄉石礎山

撫州軍事判官求倬墓〔夏志〕在禮義鄉龜山

永新令費居簡墓〔夏志〕在孝節鄉界下塘上

台州司戶商惟新墓〔夏志〕在崇安鄉前坑

岳陽節度推官求得宜墓〔夏志〕在烏巖山

上舍吳大有墓〔周志〕在縣北戴仲若墓左

國子助教商茍新墓〔夏志〕在黃杜嶺

兩淮安撫總幹史夢協墓〔夏志〕在積善鄉蔡山灣

紹興府撫參商乂新墓〔夏志〕在剡源鄉大孕山

信州司理費九成墓〔夏志〕在崇仁鄉鉗口山

單崇道墓〔李府志〕在棲賢山

處州僉判忠臣陳聖墓　道光李志在筮節鄉花鈿飛鳳山

僉判衢州軍事求徂墓　夏志在禮義鄉石溪大坑之原

刑部架閣趙炎墓　夏志在昇平鄉道士嶼

廬州路治中商夢龍墓　夏志在開元鄉坷山灣

單庚金墓　李府志在葛竹飛鳳山

元

華疇居士張熻墓　李府志在清化鄉錦被

隆興路提舉夏推墓　夏志在剡山東麓

將仕郎浙江儒學提舉周承祖墓　舊志在昇平鄉剡坑西山

鄭山書院長進士費述墓　〔夏志〕在孝節鄉鵠雉山

國史編修許汝霖墓　〔道光李志〕在縣東忠節鄉十六都騎龍山

明

漢陽知縣畢復亨墓　〔李府志〕在大墓山

邑令高孜墓　〔李志〕在星子峯下

孝子王瓊節婦石氏墓　〔李府志〕在十四都蟠龍山

孝子喻祿孫墓　〔李府志〕在縣北張墅山

四川都司斷事史道志墓（夏志）在茅岸薛家園

信武將軍河南路統軍使魏謙甫墓（道光李志）在入九十都筮節鄉龜山

贈南京工部主事王胥道墓（夏志）在忠節鄉姚塢

福建興化縣知縣張琮墓（夏志）在崇仁鄉本鄉山

贈武德將軍正千戶謝德仁墓（夏志）在清化鄉湯家溪之原

錦衣衛正千戶謝時通墓（夏志）在清化鄉高古之原

永平縣知縣韓俊墓（夏志）在孝嘉鄉本鄉山

贈審理正張堅墓（夏志）在筮節鄉普安寺側

江西廣信府永豐縣知縣王玉田墓〔夏志〕在靈芝鄉

黄沙山

德府紀善長史韓啟墓〔夏志〕在孝嘉鄉官地山

南京工部主事王以剛墓〔夏志〕在忠節鄉茶彎

南京豹韜衛經歷夏時墓〔夏志〕在剡山東麓祖提舉

墓側

贈南京禮部儀制司郎中王鈍墓〔夏志〕在孝嘉鄉天

馬山

贈刑部廣西司主事丁孟新墓〔夏志〕在崇仁鄉烏石

隴

河南布政司參議謝廉墓〔夏志〕在高古千戶墓側

兩淮都轉運鹽使司同知張世軒墓〔夏志〕在清化鄉山

贛州通判張政墓〔夏志〕在縣北遊謝鄉大嶴山

寧國府推官王樞墓〔夏志〕在忠節鄉山神衕

江西南康府知府王瑄墓〔夏志〕在孝嘉鄉馬墓

都事周泰墓〔夏志〕在孝節鄉竿山

陝西金州知州史晞墓〔夏志〕在清化鄉浦橋山

通政使任和墓〔道光李志〕在二十二都靈芝鄉王唐灣

王監司墓〔李志〕在香爐峯

戶部侍郎周汝登墓　李府志在城北超化寺右崇禎間賜葬

工部郎中周光復墓　李府志在城南五里鋪

兵部尚書喻安性墓　李志在縣東石屏山

保定通判殉難王禹佐墓　李府志在峨嶠山南崇禎間賜祭葬子國宣坿

國朝

邑令楊學嗣墓　乾隆李志學嗣艮鄉人舉人康熙三十六年任卒於官柩不能歸遂葬星子峯後令於寒食日特設牲醴委典史行禮歲以爲常云

連枝墓〔李志〕在鳳凰山〔考證〕裘德璋妻章氏仲弟德璇妻費氏季弟德瑜妻沈氏二十九都人娣姒相親賢於鍾郝璋爲仇掖配雲南曲靖衛不回璇攜瑜子釋安往探俱病死金陵之瓦屑霸章費以節終合葬鳳凰山後沈卒亦願歸姆氏夫瑜從其志三氏遂同墓墓上一木連生三枝人奇之稱曰連枝墓

邑典史王三重及妻雷氏墓〔新纂〕在城隍山

義塚

東門義塚〔李志〕在東門外新河之左往年以造塔餘資建牆垣未備不免芻牧崇禎間因洪水沖塌知縣劉永祚嗣置立碑曰漏澤園又北門一處西門一處西嶺頭一處康熙初巡撫范檄縣建廣孝阡於北門

外〔考證〕嘉泰志宋熙甯三年有詔收葬枯骨凡寺觀旅櫬二十年無親屬及死人之不知姓名乞丐或遺骸暴露者令州縣命僧主之擇高原不毛之土收葬名漏澤園周以牆栅庇以土地所宜易生之木人給地八尺方磚二刻元寄之所知日月鄉里姓名者併刻之露骨者官給轄葬日給其鏹及祭奠酒食墓上立峯有子孫親屬而願葬園中者許之給地九尺已葬而願遷他所者亦聽郡縣官遴吏弛慢皆置之法有司奉行頗過至有分爲三園良賤有別又葬日及歲時設齋醮置吏卒護視守園僧以所葬多爲最得度牒及紫衣遂有析骸以應數者久之始詔裁損自軍興多故遂益弛中興後郡縣或自以意廣朝廷惠澤至今爲利顧炎武日知錄漏澤之設起於蔡京不可以其人而廢其法

西門義塚〔李府志〕嵊縣詳册塚地三畝八分零坐落西門外五里係乾隆十八年僧與元捐置

北門義塚〔李府志〕乾隆十九年知縣戴椿撥菩提菴

田十九畝零作義塚經費（新纂）道光間王待璣張萬年等捐建同善局邑令李式圃將菴田撥令局董經理

李式圃同善局碑記畧去北郭三里許厲壇之左有同善局者邑人士醵貲公建以爲施捨衾棺收瘞遺骸旅櫬之所也余嘗出俸入之餘每置衣棺以與爲施捨而小惠未徧撫躬自愧故又竭余願力再爲捐廉於東郊之外置義塚一區俾同善局董事經管收瘞無主之棺骸然局無恒產經久猶懼未能也檢查案牘有新建義塚戶田一十九畝有奇本善提寺產乃前宰戴君詳 憲定案飭於歲入之貲租充爲循理義塚祀孤瘞骼之資者前固經立董事經管緣詳定官租除錢糧經費外歲取十一千有奇而民間時値尚可加增佃戶爭此有餘之息造爲謗詞以誣董事致董事引退而請官爲經理於是假手吏胥而爭租有稅之訟起矣夫以收恤死者之餘資而速生者之訟何如盡其餘資還以收恤死者而免生者於訟乎乃請以是田撥入同善局由局中董事查照時値租價召佃收租以循理新舊義塚收瘞遺骸旅

櫬民無所負既可以息爭鬥之訟而歲租多入又可以廣收恤之仁不一舉而兩得哉

西陳坂與十九都藤定彝二處田共壹拾玖號計田拾玖畝四分二釐二毫　大坑坂一百四十四號地八分二釐一百四十五號地叁畝正　路田下坂四十五號地二畝正　東前街店屋一所每年賃錢八千文作北門義塚經費

西橋義塚　道光李志嘉慶廿四年齊邦泰吳紹祖丁同清等捐置田地二十畝零并設公濟局以理其事

西關外義塚　道光李志西二圖路田下坂第四十八號地一畝正在太祖廟前西隅周伯華置

西嶺上首義塚（道光志）西三圖路田下坂第四十五號地二畝正知縣周鎬置

康樂鄉義塚（新纂）在四都丁王氏同男敬書捨茅洋西坂地一畝六分八釐三毫地首尾立碣

崇信鄉義塚（新纂）在七都吳金暉捨官莊下坂第十六號山一畝五分正土名石蕀礚頭

筵節鄉義塚（道光李志）在八九十都監生魏雨霑等捐置靑塢半坂第二號山一畝零

孝嘉鄉義塚（道光李志）在十四都王應昌置奶塢西坂四十一號山拆一畝八分正　王澍策置婁子坂

二十九號山二畝八分土名牛皮形

崇仁鄉義塚　道光李志　在二十九都貢生裘克配置

橋頭上坂四十九號山一畝正　廩生裘松置長善

坂一百四號山一畝正土名上白嶺　裘順貴置白

塔上坂一百五十三號地拆五釐又一百五十八號

地一畝正　新纂　裘震元置高塢下坂九十號地一

畝二分土名相家園脚　裘瀛成鎔成等倡議重建

憑依祠棲無主魂

永富鄉義塚　道光李志　裘慶富置蕪地岡坂土名龍

嗆山　張澄源置楓木上坂一二三四號山拆一畝

四分五釐坐瓦窑山之麓

羅松鄉義塚〔新纂〕白竹莊周思貞妻裘氏捨白雁坂第六號山又分二釐十九號山拆六分八釐　周渭東助式憑祠錢百餘十貫其妻裘捐春秋祀田十畝

崇安鄉義塚〔新纂〕樓家貢生樓文起置伸家坂二十六號地貳畝肆分壹釐叁毫三十二號山地壹畝叁分伍釐土名黃泥地衕

剡源鄉義塚〔道光李志〕在三十七都下王監生張繼纁置白雁路下坂山一畝零〔新纂〕山口錢登邦建寄主祠以妥孤魂

太平鄉義塚（道光李志）石砩監生郭君寶置三十八都厝榮坂第一號山一畝五分又三百九十號地一分

長樂鄉義塚（道光李志）貢生錢豪置四十一都瓦窑坂第八號山併四畝五分正（新纂）錢昌程置陳莊坂一百七十號地折二分正一百七號地折一畝正又餘地

開元鄉義塚（新纂）貢生周逢愷置四十一都后沈坂第六號山三畝正

桃源鄉義塚（新纂）甘霖鎮武生沈國定置四十六都

南山坂八十號山二畝土名梅溪灣

清化鄉義塚（道光李志）葉家畈朱廷侯置四十九都下境坂第十號山拆二畝正（新纂）禮義鄉蒼巖立普濟祠集會祀孤山陰阮茂千妻俞氏創捐田十餘畝

德政鄉義塚（道光李志）諸生鄭自强置五十五都羽字第九號山一畝正土名江井塘（新纂）諸生鄭雲蛟置師字一百三十三號地四畝正土名秀才灣

嵊縣志卷九

職官志

縣剡起西漢而令長闕如東京訖唐垂八百歲其姓名具者三十三人姓存名軼者二人豈以文獻不足故歟自高氏剡錄行諸志繼興於題名畧備已夫令所以帥縣也佐貳員弁與有責焉坐鱣堂而秉鐸者又多士之具瞻也涖官行事或傳或不傳皆其人自爲之耳邑雖褊小山川清妙稱焉無曰蕞爾焉用牛刀庶幾其永譽哉志職官第六

縣令 漢書縣令長掌治其縣萬戶以上爲令減萬戶爲長晉時縣大者置令小者置長唐宋縣

嵊縣志　卷七　縣令　一

令有赤畿望緊上中下之差元設縣丞又設達魯花赤掌縣印前明及本朝設如縣

漢

薛棠有傳

三國吳

卜靜字元風吳郡人　賀齊有傳

晉

周翼陳郡人有傳　謝奕安之兄有傳

謝東　山遵

李充字宏度鄂人見晉書有傳府志作李克張志李志同又重出李宏度傳

臧巡　路萬齡

殷曠之陳郡人仲堪子有傳　王鎮之太和中剡令入宋歷上虞山陰令有傳

宋

周　顒元嘉初任遷山陰有傳　漆　斯

裴襲連　陸　終

齊

張　稷永明中任有傳　周　迪

宗善才

梁

劉　昭有傳　王懷之

賈叔熊　羊羹郡志作美

陳

徐陵東海郯人剡錄　徐孝克郯人天嘉中任張志作克孝誤有傳

烏興　成式

唐

張子胄　王球

崔□名佚江西觀察使貞觀十八年以殿中謫治剡

崔諷高陽人由衢州須江令移剡　薛□名佚

郭謙之　洪虬

陳永府志作永秩　俞珣唐末任後避黃巢亂隱沃洲

宋

周在川　晁口名佚

陳求古　譚雍

魏炎府志炎作琰　林概善詩

章珣　蓋參

沈振錢塘人慶歷初任　丁寶臣晉陵人有傳

過昱皇祐三年任有傳　高安世嘉祐中以給事郎太子中舍來知縣

聶長卿熙甯三年任　胡格

江相　鄭宗回

劉繪　晏明遠

宋順國祁之子　施佐一名仲素

侯臨　蘇駉

賈公逃元豐六年任是年新官制行　宋廣國祁之子元祐初任前令餘姚

錢長卿　王知元

吳賁　史祁剡錄作祈

劉旦　張謣

呂必强　俞應之

符綬　程容

張慶遠　鄒秉鈞

孫汝秩夏志作張汝秩誤　宋旅宣和中任有傳

孫潮　張誠發宣和中任

莫伯畛　楊植

應彬號文質甯海人建炎初任有惠政　宋宗年祁之孫有傳李府志作郊之孫

范仲將蜀都人紹興初任有傳　姜仲開紹興四年任有傳

錢墉　趙不退

毛鐸三衢人紹興十二年任周志李志作三衢人督修學校

郭康年　蔡純誠

韓晦　李耆年

趙渙之周志李志作煥之　郭契夫

趙伯懋剡錄作伯楙　任望之

蘇詡　吳幬

陳嘉謀剡錄府志並作嘉謨　李耆碩

張商卿　韓元修

鄭逸民　季光弼夏志作李光弼

成欽亮　張注

李拓　陳謀剡錄府志作陳謨

劉棨　楊簡乾道中任有傳

詹乂民舊府志作詹寳有傳　葉籈慶元中任壘隄捍城

周悅　滕璘

胡大年　謝渠伯

蔣　峴奉化人慶元末任李志作晛　　趙汝遇太祖十世孫李府志作愚

史安之嘉泰初任聘高似孫作剡錄有傳　　蔣志行嘉定初任

趙彥傳嘉定十三年任　　魏　岠

范　鎔　　陳厚之

趙師籛太祖八世孫張志作七世孫　　王　埜

劉　欽　　趙崇伯太祖七世孫舊府志作宗伯

莊同孫　　王　濩張志作護

水邱袠錢塘人□祐中任由進士出身豈弟詳明溫恭律己修拓學校輒著政聲

李　億舊府志作裘億李府志作袁億　　張　槩

袁　徽　　陳自牧

王交子　　何夢祥寶祐中任
俞　垓　　張必萬修戴䎘墓
汪　懿　　周茂育
劉同祖　　陳　著咸□四年任有傳
李興宗婺州人咸□八年任

元

亦都馬丁至元間任　　乞思鑒張志作監
沙　的　　火你赤元貞元年任
麻合謀大德二年任　　馬合麻別大德七年任
高　閭至大二年任有傳　　拜　降皇慶元年任

朵魯不解 延祐二年任

伯都魯迷失 延祐五年任

别都魯丁 至治元年

教化的 泰定元年任有傳

阿里海牙 泰定四年

伯顏不花 至順元年任

馬合麻 回回人元統元年任修儒學

也速達兒 字季常蒙古人至正四年任廉頗有聲

也的迷實海牙 至正七年任

篤魯迷實海牙 至正九年任

安普 唐兀人進士至正十一年任歷祕書郎

丁從正 字彥端至正十三年任張志縣[illegible]復出

大都沙 至正十四年任以上達魯花赤

王桂 李府志作王珪

黨天祐 臨海人至元二十四年任

王喜 至元二十八年任

鄔濟民 甯海人至元三十年任

李　播　天都人至元三十一年任　　佘　洪　元貞二年任有傳

宋也先　大德三年任有傳　　萬　愿　附高閭傳

韓持厚　皇慶元年任　　張忙古歹　延祐二年任

王　瑞　延祐七年任　　司□　名佚泰定元年任

王　檜　天歷元年任　　趙思誠　至順元年任

張元輔　後至元元年任能詩　　呂惟艮　至元四年任

仇　治　至元初任有傳　　完　顏　至正四年任李府志作完顏佚

冷　瓚　字彥中膠西人進士至正五年任修學舍諸祠廨

金與勤　　文彭仲　字一飛至正八年任

趙　琬　河南人有傳　　崔　彬　字文質至正十六年任

陳克明　至正二十三年任　以上縣尹

邢　雄　邑人至正末攝縣令　府志李志作邢宓

明

高　攷　洪武七年任有傳

江　瀾　廣信人洪武二十年任修學校壇廟

龍　淵　洪武三十二年任有傳

譚思敬　永樂十年任有傳

湯　禎　蕪湖人永樂十五年任

劉應祖　江西人宣德中任愷弟愛民

胡　深　直隸人勤於政事以憂去

嚴　恪　江西人公平坦易士民愛戴

徐　雍　常州人正統元年任有傳

嚴　獻　毘陵人正統三年任有才能政尚嚴

徐士淵　亢遠人正統四年任有傳

單　宇　臨川人正統五年任有傳

孟　文　山西人正統八年任有傳

王　琦　江甯人景泰五年任修西門圩岸五

載以屛字燬謝事去

敖瑜新喻人天順二年任

李春成化二年任有傳

許岳英成化八年任修邑志有傳

張鵠銅梁人成化十三年任置學宮祭器以憂去乾隆李志李府志王琦下有張鵠銅梁人天順中任當是一人周志無

劉清字一之德化人成化十六年任決訟如流振興文教未幾以憂去

周曆字克體武進人成化十八年任李府志作武進人周志吏民畏懼

夏完字秉圭華亭人成化二十一年任修學校府志作夏光周志以柔道治民民亦愛之

臧鳳曲阜人宏治五年任有傳

徐恂嘉定人宏治十一年任有傳張志作泰定人修邑志

李吉四川人宏治十八年任

李昆正德三年任

張暄一作萱正德九年任有傳

林誠通正德六年任有傳李府志作十年任

鄭昺正德十一作任清而有才李府志作十四年任

姚惟寶江陰人正德十五年任

謝秩分宜人嘉靖五年任

譚崧德化人嘉靖七年任有傳李府志作二年任崧作松

呂章歙縣人嘉靖十一年任居官勤敏綽有才能

楊旻射洪人嘉靖十八年任

譚潛太平人嘉靖二十三年任

鍾天瑞番禺人嘉靖二十六年任非罪繫獄憂憤卒

姜周太倉人嘉靖二十八年任潔己愛民八月以憂去民立碑思之

溫易鬱林人嘉靖三十年任博學慈愛三月以憂去

吳三畏莆田人嘉靖三十一年任有傳

朱資莆田人嘉靖三十七年任

陳宗慶金溪人嘉靖三十八年任有傳

林　森嘉靖四十一年任有傳　　張　持番禺人嘉靖四十三年任質朴慈惠於民不擾李府志

薛　周岳州人隆慶元年任有傳張志李作萬歷十三年任志作壽州人

宋一相寧國人隆慶五年任有傳

譚　禮新淦人萬歷四年任約已節用省刑薄罰門無餽遺議修志未就

姜克昌丹徒人萬歷八年任　　萬民紀南城人萬歷十二年任議修邑志

王大康冀州人萬歷十六年任　　林居偉晉江人萬歷十七年任民建祠祀之

王學夔福建人萬歷二十二年任　　鄭廷緒湖廣人萬歷二十七年任

吳濟之恩平人萬歷二十八年任　　文典章攸縣人萬歷三十二年任修學宮建文星閣謝慕亭

施三捷福清人萬歷三十五年任有傳

王志遠龍溪人萬歷四十年任有傳　　王志達志遠弟

張時暘當塗人萬歷四十五年任

王應期六安州人萬歷四十七年任有傳

黃廷鵠清浦人天啟元年任詳申改折秋米

張達中分宜人天啟四年任

方叔壯南漳人崇禎元年任

劉承祚武進人崇禎七年任徵輸有法課士得人講學鹿山

丁儒端江南人崇禎十一年任　李府志作十五年

鄧藩錫金壇人崇禎十三年任歷陞袁州府知府死難

蔣時秀零陵人崇禎十六年任

陳呂期貴州人入國朝順治初仍任

國朝

尉應提湖州人順治三年任

羅大猷南昌人順治四年任　李府志作高昌人

吳用光高陵人順治八年任

郭　忱華州人順治十四年任有傳　史欽命直隸清河人順治十六年任

焦恒馨雞澤人順治十六年任　劉廸穀安邑人康熙三年任

張逢歡閬中人康熙五年任修邑志有傳　溫毓泰邯鄲人康熙二十年任

陳繼平遼東人康熙二十年任　李府志作繼年

蔣　煒遼東人康熙二十三年任　胡　瓚惠來人舉人康熙二十八年

張　宏字省涵昌黎人康熙壬子拔貢二十八年攝縣篆精廉勤慎明年卒於官有傳

陶大宗大興人康熙二十九年任　王朝佐遼東人康熙三十年任有傳

王勳蔭大名人康熙三十四年任有傳　府志作大興人

楊學嗣良鄉人舉人康熙三十六年任　徐　匡嘉定人舉人康熙四十三年任有傳

趙　珏滿城人康熙四十七年任　任儀京大興人康熙四十八年任五十六年

賑粥

宋　斅　長洲人貢生康熙五十八年任有傳

張　泌　上谷人舉人雍正二年任有傳

李之果　任邱人雍正六年任重建常平倉

黃道中　即墨人歲貢雍正七年任建永濟倉

王以曜　太行人舉人雍正八年任有傳

傅　珏　奉天人拔貢雍正九年任有傳

楊玉生　三原人雍正十三年署任有傳

張彥珩　銅山人雍正十三年任

黃　珏　乾隆四年署任

李以炎　博白人舉人乾隆四年任修邑志有傳

林　斌　閩縣人舉人乾隆十一年任

施繩武　崇明人乾隆十一年署任

蕭起鳳　永定人副榜乾隆十三年任

李應辰　山東人進士乾隆十五年任

石　山　乾隆十六年任

戴　椿　掖縣人乾隆十七年任除暴安民父老至今稱之

竇　忻　平定州人拔貢乾隆二十一年任

黃紹 江西人舉人乾隆二十五年任

劉翟 漢軍丹徒籍乾隆二十九年任

劉秉鈞 南豐人進士乾隆二十九年任

莊有儀 鶴山人貢生乾隆三十二年任有傳

吳士映 上海人舉人乾隆三十四年任

胡翹楚 肥城人進士乾隆四十三年任

袁秉直 華亭人乾隆四十五年署任

李光時 濟甯州人進士乾隆四十六年任強毅有爲

陳純士 桂平人舉人乾隆四十八年任

儲夏書 宜興人乾隆五十二年署任

唐仁埴 江都人進士乾隆五十三年任有傳

郭文誌 閩縣人舉人乾隆五十四年任

周不 長洲人乾隆五十六年任

周鎬 金匱人舉人乾隆六十年署任有傳

鄧天麟 廣東人嘉慶三年任

王蘊蕖 靈璧人嘉慶四年署任

胡培 丹徒人副榜嘉慶五年署任

張直方 四川人舉人嘉慶六年署任善書法工詩

沈　謙　江蘇人進士嘉慶七年任出差十一年又任

陸玉書　六合人舉人嘉慶七年署任

劉炳然　懷甯人舉人嘉慶十一年署任

黃　靖　宜興人嘉慶十三年署任

田提元　四川人舉人嘉慶十四年任議修邑志未竣

蕭馥馨　定番州人舉人嘉慶十七年署任

盧擇元　南康人拔貢嘉慶十九年署任

方　秉　桐城人嘉慶十九年任二十年於新嵊交界五都邨上里許築湖塍新碶灌田一千六百餘畝民感其德爲建生祠

吳　墉　吳縣人嘉慶二十三年署任

葉桐封　福建人進士嘉慶二十四年任

翟　凝　恩城人舉人道光二年署任

王德寬　湖南武陵人進士由翰林改知縣道光二年任

吳錫疇　崇安人道光三年署任

宮樹德　山東人舉人道光三年任

李景韓　晉江人舉人道光五年署任

李式圖 合肥人進士道光十六年任纂修邑志

言尚熙 常熟人道光十一年任有傳

湯金策 河南人道光十二年任

梁鉞 道光十二年署任

蔣嘉璋 無錫人道光十三年署任

何瑞櫺 廣東香山人進士道光十五年任

張惟孝 閩縣人舉人道光十八年署任

姚懷祥 字履堂舉人道光十九年署任居官勤慎善書工琴調任甬江後死英夷之難

楊召 六安州人舉人道光二十年任有傳

蔣式之 道光二十年十月代理

顧貽綬 金匱人道光二十三年七月署任

福興

陳鍾彥

吳榮楷 湘鄉人進士道光二十五年任

高毓岱 元和人舉人道光二十六年任

蔣兆洛 有傳

敖彤臣 四川榮昌人進士咸豐元年八月任

李道融 河南夏邑人進士咸豐二年任有傳

李維著雲南昆明人進士咸豐四年任

阮恩元湖北黃岡人舉人咸豐七年任

江榮光大興人咸豐八年署任

李曾祜常州人咸豐八年任

劉濬宜興人咸豐九年署任

史致馴江蘇人咸豐十年署任

臧均之咸豐十一年署任

史致遜江蘇人咸豐十一年任

周祖升江蘇人同治元年十月任

鄒梓生同治二年七月署任

蔡以勳蘇州人同治二年九月署任

潘玉璿廣東順德人舉人同治三年十二月任

莊鳳威同治四年任

全育滿洲人同治五年七月任纂脩邑志九年二月卒於署有傳

嚴思忠丹徒人舉人同治七年十二月署任

仲朝楨吳江人同治九年三月代理

陳仲麟四川遂甯人舉人同治九年三月任纂成邑志

縣丞漢縣令皆有丞後魏惟大邑有之宋熙寧後邑無論大小概置丞明制縣不及二十里者裁減嵊舊有丞康熙三十九年奉裁

隋

格處仁汴洲俊儀人仕隋爲剡丞 案李志作格德仁今據新唐書岑長倩傳改

唐

杜佑有傳

宋

季祐之　林通

苗元裔　沈昇

毛亶　常偉

趙士叟　許瑴

曾禗夏志作魯禗　劉佺

呂横　王中孚

時璹　韓愿胄

章騆　周玭

吳枏夏志作吳相府志作吳補俱誤　高子津舊府志作子洼

陳戊剡錄作戍　梁立

吳道夫　陳彭壽

項鶚剡錄作鄂　唐仲義

蘇彬　陳昌平剡錄李府志俱作昌年

楊浚　　樓潚四明人參政鑰之子嘉泰元年任

張志作樓淵李府志作四川人誤　　俞杭

沈俊心　　解汝爲

楊遵　　張子榮

應泰之　　趙崇謏太宗九世孫剡錄作宗謏

劉厚南　　王彝倫

高不倨　　章世昌

董夢程　　姜琛李府志作姜埰

黄履　　呂元珪李府志作圭

渠發　　汪煇

吳如囦　程梓

木德藻　方士說

元

李德恭　何公茂

張顯置田八十畝供二戴祀　汪庭至元中任改建戴溪亭爲雪溪精舍

張宏毅　劉宗益

劉信　王郁

張吉　劉澄

劉元輔　魯□名佚　乞石列荅蘭

韋安

徐　端至治中任強敏有爲吏民畏之　馬合麻沙

苗　暢　郭性存進士諸暨人和易近民克修其職

伯顏不花蒙古人　于　愷臨海人元統中任通暢敢爲

俺都剌哈蠻　郭世英

王光祖郎墨人至正中任有能聲　李伯顏不花

王顯祖　方埜遲

闕□名佚　李府志祇載汪庭徐瑞郭

桑哥失理　性存于愷王光祖五人

明

鄭　高江西人永樂十一年任李府志欽　方顯觀正統中任

郭　樸　張　祥隴西人天順中任

郭　斌　北直人天順中任優厚有爲李府志缺

方　玘　潭水人成化五年任端愼　　齊　倫　博興人成化十三年任興學恤民

程　賢　四川人成化十八年任　　郎　玠　建昌人宏治元年任有能聲

陳　璧　六合人宏治五年任　　何　裕　蘇州人宏治八年任

王　謨　德平人宏治十二年任勤愼剛直　　霍　鐸　正德五年任

許　鏌　正德六年任　　王伯當　正德十一年任有傳

何　鳳　正德十五年任　　黃如常　西安人嘉靖元年任

許　錫　嘉靖五年任　　鄒頤民　濟南人嘉靖八年任

馬　鏌　上海人嘉靖十一年任　　藍　佐　嘉靖十三年任

潘　侑　宣化人嘉靖十六年任　　張東陽　慶符人嘉靖十八年任李府志作

東揚隆李志作吳州人　陳德明梧州人嘉靖二十三年任張志乾

林文芳龍谿人嘉靖二十八年任　張綸上海人嘉靖二十六年任

陳文標福清人嘉靖三十八年任得民心　李曉上元人嘉靖三十二年任勤慎老成

奚偉揚州人隆慶元年任　王廷臣嘉靖三十九年署任剛正勤勞甚

黃袞通州人萬歷三年任慎官箴　甘蕃豐城人嘉靖四十四年任有才能

李時春蘇州人萬歷九年任　童夏甌甯人隆慶四年任有傳

吳鶚鳴宣城人萬歷十三年任　林濟卿福建人萬歷四年任

金得□　陳嘉謨南城人萬歷十一年任

周希旦

邵斗

吳承鼎　袁士充李府志作士兑

程希京有循政　王交運江西人李府志作江南人

芮應耀　梁聘孟渾厚詳明署任得民

江子循歙縣人天啟二年署任得民　高守紳

周士達江南人崇禎中任勤慎　張應宿鳳陽人

施于政江南人　嚴斌美建平人

張　義　陳應昌揚州人

國朝

高鳳起黃岡人順治二年歸順仍任　石起鳳華亭人順治五年任

李春元靈州所人順治十年任　趙　勉大興人順治十七年任

門有年 博野人康熙初任有傳
胡珏 孝感人康熙五年任李府志作胡珏
李芬芳 冀城人康熙十七年任
王開基 盧施人康熙十八年任
魏四訖 文安人康熙二十二年任
徐秉政 遼東人康熙二十二年任
李發英 江華人恩貢康熙二十五年任
張仲傑 甯津人康熙二十八年任
蘇潤 宛平人康熙三十三年任大清會典三十九年缺裁

主簿 晉隋皆設主簿掌水利之職以後或設或兼宋元以後官嵊者皆可考明萬歷三十八年缺裁

宋

文繩世
劉士野 舊府志作仕野

吳　雍　　陳友仁

司馬信府志作馬思信　　蔣　鐔府志作鐸

聞人安世有傳周志李府志不載　　刁　駿

靳　擴　　蘇　林

江　濤括蒼人乾道中任舊府志作儔　　趙崇規太祖九世孫

葉　梓　　鄭　圭

趙善恕　　陳秉禮

鄭伯衍剡錄作伯行　　鄭　宰

邊　沂　　錢觀光

趙源夫李府志作原夫　　姜强立

李密　陳迪

徐愿嘉定中任贊史安之遷創廟學　趙崇膺李府志缺

沈忞文心剡錄作沈忍府志作在沈文煥後

沈文煥　趙必鼎太宗十世孫

王宇孫　劉興祖

吳松　王鎔

賈煥　臧子文李府志臧作藏誤梅聖俞有贈臧子文詩似不宜列於宋末

沈炎李府志缺

元

閔濟至元間任　董貞至元二十二年任

程嶸 至元二十六年任

周敬之 至元二十九年任

耿伯通 至元三十一年任

劉仲達 元貞元年任

楊謙 大德二年任

傅光龍 大德五年任

辛昭 大德七年任

趙與仁 號雲宇，能詩。大德十年任。李府志作皇慶中任

劉乃鑾 至大四年任。李府志缺

張華 皇慶元年任

魏恭 延祐二年任

薛艮弼 月倫帖木兒

韓汝楫 泰定四年任

傅偕 至順元年任

諸敬 元統元年任。周志作諸荀。李府志缺

元大明 至元元年任

魏邦凱 至元四年任。慈谿練達

程沖 全椒人。至正中任

徐天錫至正十三年任　相哥失理以下三人李府志缺

蠻理沙　不別沙

明

張道明洪武中任府志周志作道安健於立事多所興創

康甯洪武九年任有傳　徐遠成清流人正統中任質樸愛民

馬與眞定人天順中任剛直有理李府志作馬興

劉清山東人成化二年任沈靜簡易　馬騰文安人成化五年任

牛麟永平人成化十三年任　郝達懷慶人成化十六年任

鄭璊建昌人宏治元年任李府志作惠州人

周嗣祖莆田人宏治五年任府志作周仕祖　阮淮池州人宏治八年任沈默能守

遲銘 高郵人宏治十一年任　沈瀾 如皋人宏治十二年任勤慎有聲

張鵬 正德三年任　王通 正德十一年任府志作黃通

韓椿 嘉靖元年任　江紀

朱組 華亭人嘉靖五年任鋤强削盜民賴以安

符廷祥 曲阜人嘉靖八年任　秦錫 祥符人嘉靖十三年任

許佑 嘉定人嘉靖十八年任　張大興 興縣人嘉靖二十三年任

朱顯 嘉靖三十年任慷慨有才佐邑有儒林八政碑

夏金 嘉靖三十二年任　姜偉

譚章 嘉靖三十七年任　韋希舜 嘉靖四十一年任

宗之鳳 建平人嘉靖四十四年任　郭璘 贛州人隆慶三年任

吳祺無錫人隆慶四年任有傳李府志作琪

汪一鳳羅田人萬歷三年任

鄭輅南城人萬歷四年任

張羅萬歷八年任

楊愼春隆慶九年任

林顯香山人貢士萬歷十二年任

邢箴高口人萬歷十四年任

張文洛

陳大禮

章文選宛平人萬歷二十八年任慈祥佐治

魏繼孝萬歷三十一年任有循聲

孟景熙萬歷三十五年任

尉

漢晉以後縣皆有尉或二人或一人或以簿兼攝舊多鈌茲紀唐宋元之可攷者

唐

劉迺有傳

宋

吳秉　宋易

薛鎡　韓晝舊府志作潘晝李府志作潘晝

于閌剡錄作干閌府志作牙闓　楊矩府志作炬

程衎府志作衍　侯杞府志作祀

林懋能　祝溥

陸釜　趙舉府志作趙舉

杜師顏舊府志作師賢李府志脫杜字　吳正國

張永　魏興祖

張芝孫　楊文隆周志作文龍

劉交中　張德羽

趙師向太祖八世孫　謝深甫乾道二年進士有傳

陳紀　于汝功剡錄于作干

鍾闓　林昇

向士貴　李補

胡之邵　錢聞善

宋元老　趙崇原太宗九世孫李府志作崇元

支文　趙彥垠

吳元章　任謙之

黃飛　姜漸

汪之幹　邵三傑

孫覓夫　趙善嗣太宗七世孫府志作善上

向儀　趙時遹

施復孫皃磯人□祐中任　曹良度

趙必𤅃太宗十世孫　於珍

徐涘

元

張楝至元二十二年任　韓進至元二十六年任

馬驥至元二十九年任以廉幹聞父老立碑紀其績

禿兒撒理

范天佑　孫德慶元貞元年任府志作應慶

郭　忠大德二年任　　張　嗣大德五年任

張德溫大德十年任　　胡[illegible]卿延祐三年任

徐　玹延祐五年任　　羅從善至順元年任府志作佳崇善　李

葉　仁元統元年任　　謝元琮至元元年任

茂　圭以下三人李府志缺　　到剌沙

沙的色目人至正五年任以廉慎自持

典史元設典史明以後因之乾隆李志作縣尉

明

石友璘洪武三年任　　舒　紳池州人宣德中任

符　綍正統五年任　　王　琮正統八年任識治體有才能事不勞

而治

陳彪 河南人天順二年任有才幹
馮和 清流人景泰五年任誠心愛民

劉雲 掖縣人成化五年任
唐琛 清遠人成化二年任處事不苟

趙鉞 上海人宏治元年任
孫敬 高郵人成化二十年任

張京 宏治十一年任
戴鎬 星子人宏治八年任

貢悅 正德五年任
蔣進 平江人宏治十二年任府志作蔣俊

鄒崑 正德十一年任
吳榮 正德六年任

韓景宣 鳳陽人嘉靖五年任
劉玉 正德十五年任

盧崑 莆田人嘉靖十一年任
馬容 淮安人嘉靖八年任

鄭誠 嘉靖十六年任
程伯卿 福建人嘉靖十四年任府志程作鄭

徐紱 常州人嘉靖二十一年任

蔣　銀　湖廣人嘉靖二十一年任

孫汝明　嘉靖三十一年任

陳　周　嘉定人嘉靖四十四年任

周守陽　永新人萬曆三年任

李　陽　萬曆十一年任李府志作李暘

王文華

蒙嘉約

戴　豸　仙游人李府志作戴豹

馬載道

張尙緒

李大節　應城人嘉靖三十年任

徐　紳　嘉靖四十一年任

何　欽　隆慶五年任

羅　位　萬曆八年任

傅秉伊　上高人

湯邦啟　萬曆十四年任

熊國寶

李宗舜　豐城人

黃維翰

趙艮璧　涇縣人天啟中任居官誠謹

姜　堯　　王瓌選崇禎中任府志作環選　李

白彤郁陝西人　　郭邦鎮福建人

程宏道新安人卒葬剡山　　李永春

楊時中

國朝

王　玹江南人順治初任　　彭延祚湖廣人順治五年任

楊萬程富平人順治十二年任　　周明鼎麻城人順治十六年任

陳王鼎富平人順治十七年任　　李天錫大興人康熙元年任

毛鼎鉉武陟人康熙二年任　　劉　琮太原人康熙十九年任

支　茂衡水人康熙二十年任　　耿明玉阜城人康熙三十六年任

方憲章　大興人康熙四十六年任

董文松　河內人康熙五十三年任

徐傑　丹徒人乾隆九年任

莊敬　武進人乾隆二十七年任

殷秉銓　吳縣人乾隆三十五年任

項韜　連城人乾隆五十年任

包桂　丹徒人嘉慶六年任工書

周普　嘉慶二十五年任　道光十四年任

陳廷弼　懷甯人道光十五年任

王大乾　道光二十二年任

張從訓　大興人康熙五十年任

王大德　保定左所人雍正三年任

朱御庭　華亭人乾隆十五年任

方瑞照　歙縣人乾隆二十八年任

溫常益　太谷人乾隆四十六年任

陸卿雲　吳縣人乾隆五十二年任

林常滋　沙縣人嘉慶九年任

王希孟　無錫人道光十一年代理

丁維康　道光十八年代理

張淵　直隸人道光二十三年任

程體仁孝感人道光二十四年任　易謙吉道光二十九年任
李　鄒代理　烏鳴岡道光三十年任
焦掄元咸豐元年任　王三重字蘭臺西甯人咸豐二年任五年與
妻雷氏相繼卒葬城隍山遺一子長齡家於剡　施嘉惠咸豐六年任
林　俊護理　單竹林署任
劉洪恩咸豐七年任　李承湛大興人字竹君工詩咸豐八年任
鄭汝梅同治元年任　陳　熙同治四年任
鄭　傑同治七年代理　李承湛同治四年十一月任

教諭漢立學校官歷代因之互有改置國朝每縣設教諭一員訓導一員康熙五年裁嵊教諭十五年復今稱復設教諭

宋

馮子廣紹興四年任後裔居馮家潭　解南翔昌州人景定二年任自著記事於學

徐應家桐廬人舊府志徐作孫　洪一鶚天台人咸□中任

元

周濬孫至元初年任　俞已千字北山府志作俞已

何纛字平遠邑人　趙文炳字實齋至元二十一年任

張杰　劉悌上虞人

俞揚至元二十二年任　張炎發至元二十六年任府志作文發

李子紹蕭山人至元二十九年任李府志作子照

張蒙亨上虞人至元三十年任　韓悅道會稽人至元三十一年任

汪笂老慶元人元貞元年任　葉元善溫州人元貞二年任

鄭大觀餘姚人大德二年任　王瑞大德三年任

楊至天台人大德四年署任　楊仲恕慶元人大德五年任

徐鵬學處州人大德七年任李府志作徐鵬　胡得助諸暨人大德十年任府志作德助

趙復鄞人至大四年任按至大只四年舊志作七年誤

丁裕鄞人皇慶元年任　黃德允太平人延祐二年任

楊國用餘姚人延祐中任府志作國川　趙源至治元年任

孔克樵鄞人　項昱溫州人

沈讓　崔存湖州人至正中任後居本邑

明

周巽洪武中任　王文合邑人元舉人洪武三年任

湯輔弋陽人洪武二十四年任有傳　黃份永樂五年任有傳

劉士賢永樂十一年任　舒仲宣德中任

楊贊福建人正統五年任府志贊作貫　簡口名佚正統八年任李府志缺

馮鋋甌甯人景泰元年任以性學訓多士又手授春秋恩義兩盡六載以疾歸諸生揮淚爲別

戴委浮梁人天順中任剛正有志操待人以和

陳烜福建舉人成化二年任有傳　林元立

顧纘莆田人成化十八年任　孫敬

吳泰江陰人成化二十一年任張志有傳　俞成海陽人宏治十一年任學政克舉同夏雷纂邑志造泮橋府志作潮陽人　房玉節金堂人舉人宏治十八年任

許　選漳浦人舉人正德三年任

葉　欽德興人正德六年任

王　崑宜川人舉人嘉靖五年任陞國子助教

武　時溧水人舉人嘉靖中任造士有方勁節不撓

黃　仁歸善人嘉靖十一年任

劉以貞安福人舉人嘉靖十六年任

蔡于蕃仙游人嘉靖二十三年任

王　臣南平人嘉靖二十六年由本學訓導陞任

張　梅句容人嘉靖三十一年任有傳

林朝卿江陵人舉人嘉靖三十五年任

喻　曉潛江人舉人嘉靖三十七年任

雍世哲閬中人舉人嘉靖三十九年任

王　言長樂人嘉靖四十三年任

韓天衢涇陽人舉人隆慶元年任

張惟表長樂人隆慶四年任

王天和永豐人萬歷三年任有傳由嵊訓導陞

王振漢福建人萬歷八年任

章木鄞人萬歷十一年任僕實有學

陳塾清江人萬歷十二年任

楊繼朝內江人萬歷十四年任

鄧敏新安人陞舞陽令

杜承芳新城人陞汀州府教授

洪應科定海人

方叔傚莆田人

戴時雍玉山人府志作五山

陳士彥萬歷三十六年任有傳

虞應節永嘉人

金以諫臨海人萬歷四十五年任

嚴法乾歸安人萬歷四十七年任

徐行忠餘杭人天啓元年任中崇禎戊辰進士

葉禾秀水人崇禎元年任

王尚行嘉興人崇禎四年任陞南陵令

江養潛定海人崇禎十年任

王汝勸處州人崇禎十二年任

張養□烏程人崇禎十四年任

國朝

吳應祺永康人順治初任 | 鄒謙吉無錫人順治三年任

陸鳴時錢塘人順治八年任陞國子助教 | 費萬程海甯人康熙三年任李志是年奉裁

陳泰徵富陽人康熙十六年任李志是年復設

張　雋湯溪人康熙十七年任 | 盧　璉錢塘人拔貢康熙十九年任陞知縣

邵遠聲仁和人歲貢康熙三十年任陞台州府教授李府志作聲遠

朱宸枚海鹽人歲貢康熙四十六年任有傳 | 陳　炎海甯人舉人康熙六十年任

沈錫培仁和人副貢雍正十三年任 | 沈美英定海人歲貢乾隆二十一年任

陳錡孝海甯人乾隆二十四年任 | 汪　墉嘉善人舉人乾隆二十七年任

李　增鄞縣人乾隆三十五年任陞知縣 | 周咨詢永康人拔貢乾隆五十三年任陞甯

波府教授

葛星垣　秀水人舉人嘉慶十九年任

岑蓮乙　字藕舫慈谿副貢道光十七年任　沈鳳飛　字小湖德清舉人道光十九年署

李國樑　字朝梧天台舉人道光二十一年署　王熊吉　字雅臺錢塘舉人以經學名道光二十二年任

王榮曾　字小沂仁和舉人道光三十年署

盛元音　字竹溪富陽舉人咸豐元年任十一年冬殉粵匪之難

楊拔萃　字聚山玉環人廩貢同治二年署　欽陞艮　字橙圃德清人廩貢同治五年署

戴匡　字菊人德清人附貢同治六年署　張晉榮　字純菴錢塘人廩貢同治七年署任

吳光鎬　字伯霆長興人同治九年署

訓導

元

趙辰孫字深甫至元中任李府志入教諭以下俱不載

王通叟字蒙泉以下十四人皆二戴書院山長

連山字棱碧　徐德嘉至元二十一年任

時應龍字文叔　葉仲禮

朱枋至元二十二年任　朱道坦至元二十六年任

謝慶集慶人至元二十九年任　楊瑞至元三十年任

周宗元巴西人至元三十一年任　趙必恭元貞元年任

伯顏字近仁元貞二年任　王仲庸大德二年任

戰惟肅大德三年任　崔惟遜見甲辰九月楊翮修學碑碑今尚存

新纂

明

錢莊 邑人洪武二年任能詩按錢氏家譜作三年以經明行修舉爲本邑訓導

施震 天台人洪武七年任模範端重工古文

胡虡 鄞縣人洪武九年任傅學贍文以禮自繩

吳元亮 仙居人洪武三十二年任

王蘭 邑人宣德中任工詩著有林泉稿

周詢 廬陵人正統八年任嚴立科條激厲生徒陞均州教諭

王敏 河南人天順中任

鄭亭 華亭人舉人

李灝 固始人舉人

王洪 江甯人成化五年任有傳

林元立 福建人李府志作杜元立

連銘 福安人成化十三年任

許昌 同安人成化十八年任

胡啟 南平人成化二十二年任剛方不苟

取

方輿　廣平人宏治元年任

湯浩　丹徒人宏治五年任

林世瑞　閩縣人舉人宏治十一年任博學洽聞同纂邑志

周俅　莆田人宏治十二年任學行俱優同纂邑志

馬玹

歐陽英　太和人宏治十八年任

胡顒　辰州人正德六年任

何隆　邵武人正德十一年任

王佐　臨川人嘉靖元年任

王貢　泰州人嘉靖七年任

曾伯宗　東鄉人嘉靖八年任

鄭琛　惠安人嘉靖十一年任

王臣　陞本學教諭

許梁　福清人嘉靖十三年任

石泰　長沙人嘉靖十六年任

黃積慶　金溪人嘉靖十八年任有傳

謝恪　當塗人嘉靖二十三年任

張德輝來安人嘉靖二十六年任
江學曾靑陽人嘉靖二十八年任有傳
徐鑾上饒人嘉靖三十一年任
韋棠江浦人嘉靖三十二年任
陳僖廣德人嘉靖三十五年任
李瑚吉水人嘉靖三十七年任
車軒咸甯人嘉靖三十九年任開導不倦
徐鐸南城人嘉靖四十四年任
華國章無錫人嘉靖四十五年任
郭克昌廬江人隆慶二年任
王天和隆慶三年任有傳
曹文儒永康人萬歷三年任乾隆李志作永樂人誤
潘恆懼景甯人萬歷三年任李府志作恆衢
傅遜蘇州人萬歷八年任博學能文著有春秋辨誤行世
王汝源萬歷九年任有傳
趙棟武康人萬歷十二年任
陳賓連江人萬歷十四年任
張可久萬歷十九年任陞浦江敎諭李府志

作二十九年任
金可器 萬歷二十五年任陞太和教諭
趙東詩 湖廣人萬歷二十六年任講學淑人
王致恩 汾水人
林文華
趙裏 合肥人萬歷二十九年任
趙珣 東平人萬歷三十年任
韓鋹 浦江人萬歷三十年任
任汝光 當湖人萬歷三十年任
成克勳 直隸人萬歷三十五年任
劉希儒
方一輝 □安人
盧季綰 天台人
張聯璧 江西人
李洵岳 義烏人萬歷四十七年任
張宏瀓 安吉州人府志張作陳
晏逢時 麻城人天啓元年任府志晏作吳
朱文暉 臨安人天啓三年任陞桐江教諭
徐應亢 遂安人天啓六年任
蔣龍芳 湖廣人崇禎元年任李府志作龍方

朱應宸義烏人崇禎三年任　周克中定襄人崇禎三年任
王有爲蘄州人崇禎五年任　洪名盛平漢人崇禎六年任
欽有爵長興人崇禎十年任　葉祺允秀水人崇禎十二年任
嚴爾衡安吉州人崇禎十三年任　王希商桐廬人崇禎十三年任仁厚坦誠諸生立碑思之李府志作希閔
　吳之翰鄞縣人
郭賚贛州人

國朝

江臯佩仁和人順治三年任　林允文定海人順治九年任
龔自淑西安人順治十六年任有傳　謝三錫太平人康熙七年任
周雲柱慈谿人康熙十四年任　章兆豫

鄧巖貞　臨海人歲貢康熙三十年任有傳
郁　頲　石門人歲貢康熙四十一年任
盛　禾　秀水人歲貢康熙四十九年任
潘調燮　浦江人歲貢康熙五十年任
滑　崧　仁和人歲貢康熙五十五年任李府志崧作松
滑　樾　仁和人歲貢康熙五十六年任
陳天寅　富陽人歲貢雍正四年任有傳
謝　超　建德人歲貢雍正九年任
王允鼎　德清人歲貢乾隆五年任
葉　蕡　西安人歲貢乾隆七年任
徐全備　衢州人乾隆十五年任
沈　路　錢塘人歲貢乾隆二十年任
孫　昇　德清人歲貢乾隆二十五年任
張龍光　安吉人貢生乾隆三十年任
王榮統　西安人舉人乾隆三十一年任
朱休度　秀水人舉人乾隆三十四年任李府志作仁和人誤
章　甫　於潛人乾隆四十一年任
周世沐　仁和人舉人乾隆四十三年任

董一經　烏程人舉人嘉慶四年任　何　烺　嘉慶己卯舉人
沈浚都　桐鄉人歲貢道光七年任　宋可堂　奉化舉人道光二十五年署
徐國楨　天台人舉人道光二十五年署　吳企奭　字棠溪□安人歲貢道光二十六年署
卒於任　洪　燧　字黎軒新城附貢道光二十六年署
趙九琳　字蓀卿鄞縣舉人工書能詩道光二十七年任
黃　溥　字越山鎮海人歲貢咸豐元年任　陳　灃　字芑東太平人廩貢同治五年署
吳　淦　字鞠潭杭州廩貢同治六年署　趙廷夔　字琴韶瑞安舉人同治七年署
高有筠　字存甫杭州廩貢同治八年署　蔣　照　字銘沅平湖拔貢同治九年署

駐防　舊制駐防一員係千把輪防協防外尉一員均三年一換乾隆十四年奉文一年一換乾隆以前檔案殘闕今自嘉慶元年始

裘　曜　邑人嘉慶元年任

汪定海　鄞縣人嘉慶二年任

戴　湖　仁和人嘉慶三年任

倪士鄂　餘姚人嘉慶四年任

裘　曜　嘉慶五年任

裘　曜　嘉慶六年任

黄占魁　平陽人嘉慶七年任

裘　曜　嘉慶八年任

黄占魁　嘉慶九年任

裘　曜　嘉慶十年任

黄占魁　嘉慶十一年任

戴　潮　嘉慶十二年任

裘　曜　嘉慶十三年任

倪士鄂　嘉慶十四年任

任　飛　鄞縣人嘉慶十五年任

董廷樑　鄞縣人嘉慶十六年任

戴　潮　嘉慶十七年任

裘　曜　嘉慶十八年任

李成章　烏程人嘉慶十九年任

黄占魁　嘉慶二十年任

黃占魁嘉慶二十一年任

金萬齡諸暨人嘉慶二十三年任

張觀德錢塘人嘉慶二十五年任

何起爵道光二年任

張觀德道光四年任

董廷樑鄞縣人道光六年任

董廷樑道光八九年任

汪　名佚鄞縣人道光十二年任

周光升鄞縣人道光十八年任

王雲龍會稽人道光二十一年任

何起爵仁和人嘉慶二十二年任

胡澐仁和人嘉慶二十四年任

徐堅諸暨人道光元年任

王武滔仙居人道光三年任

盧秉信仁和人道光五年任

王萬育會稽人道光七年任

鄭英鄞縣人道光十年任

楊寶林山陰人道光十五年任

翁天寶會稽人道光二十年任

周光升道光二十二年任

胡　雲錢塘人道光二十三年任

崔吉祥臨海人道光二十九年任都司儘先補用平望陣亡

張殿魁山陰人咸豐五年任

朱朝英仙居人咸豐八年至同治五年任

方得高字月樓鄞縣人同治六年任

協防

王應魁仁和人嘉慶元年任

王應魁仁和人嘉慶三年任

楊玉麟仁和人嘉慶五年任

周光順鄞縣人道光二十七年任

周光順咸豐元年任後由安吉營守備保舉

周廷標錢塘人咸豐三年任

董漢清象山人咸豐七年任

黃大忠餘姚人同治五年十一月任

王大成錢塘人嘉慶二年任

徐自新烏程人嘉慶四年任

楊玉麟嘉慶六年任

戴勇 仁和人嘉慶七年任
張兆華 錢塘人嘉慶九年任
戴勇 仁和人嘉慶十一年任
戴尚慎 仁和人嘉慶十三年任
徐朗 仁和人嘉慶十五年任
盧秉信 仁和人嘉慶十七年任
于雲龍 會稽人嘉慶十九年任
盧秉信 仁和人嘉慶二十一年任
王雲龍 嘉慶二十三年任
王雲龍 嘉慶二十五年任

徐自新 烏程人嘉慶八年任
楊玉麟 仁和人嘉慶十年任
劉長清 山陰人嘉慶十二年任
徐自新 烏程人嘉慶十四年任
王殿輔 象山人嘉慶十六年任
徐自新 烏程人嘉慶十八年任
韓成斌 餘姚人嘉慶二十年任
戴勇 仁和人嘉慶二十二年任
徐自新 烏程人嘉慶二十四年任
韓成斌 餘姚人道光元年任

王雲龍 會稽人道光二年任
王萬育 會稽人道光三年任
鍾文英 秀水人道光四年任
韓成斌 餘姚人道光五年任
鍾文英 秀水人道光六年任
尹殿元 鄞縣人道光七年任
韓成斌 餘姚人道光八年任
董漢清 象山人
朱　桂 紹興人同治三年任
楊承時
王逢春 紹興人同治八年任

嵊縣志卷十

名績

唐

張伯儀魏州人以戰功隸李光弼軍浙賊袁晁反使伯儀討平之功第一擢睦州刺史後爲江陵節度使除右龍武統軍卒贈揚州大都督唐書　乾隆李志云寶應元年台賊袁晁爲亂往來剡邑伯儀平之

王式太原人舉賢良方正爲安南都護諭蠻寇定交阯變歸質外蕃占城眞臘慕義悉入貢大中十四年浙東賊裘甫等攻陷象山官軍屢敗明州城門晝閉進

逼剡縣浙東騷動觀察使鄭祗德遣討擊副使劉勍副將范居植將兵三百合台州軍共討之正月乙卯與裘甫戰於桐柏觀前范居植死劉勍僅以身免乙丑甫帥其徒千餘人陷剡縣開府庫募壯士至數千人越州大恐鄭祗德遣牙將沈君縱副將張公署望海鎮將李珪擊之二月辛卯與甫戰於剡西賊設伏三溪之南而陳於三溪之北壅溪上流使可涉既戰陽敗走官軍追之半涉決壅水大至官軍大敗三將皆死於是山海諸盜及無賴亡命之徒四面雲集衆至三萬分爲三十二隊其小帥有謀畧者推劉暀勇

力推劉慶劉從簡羣盜皆遥通書幣求屬麾下甫自稱天下都知兵馬使改元羅平聲震中原朝廷知祗德懦怯議選武將代之宰相夏侯孜曰浙東山川幽阻可計取不可力攻西班無可語者前安南都護王式雖儒家子在安南威服遠近可代也遂以爲浙東觀察使又詔發忠武義成淮南諸道兵援之除書下浙東人心稍安裘甫方與其徒飲酒聞之不樂式分軍東南進討與賊十九戰皆捷又分軍海口以拒之六月甲申賊從黄罕嶺復入剡（名勝志云裘甫從王愛山入剡通鑑謂黄罕嶺者誤）壁其東南府中聞甫入剡復大恐式命趣東南

兩路軍會於剡辛卯圍之賊城守甚堅攻之不能拔
諸將議絕溪水以渴之賊知乃出戰三日凡八十三
戰賊敗請降諸將以白式式曰賊欲少休耳益謹備
之功垂成矣賊果出又三戰庚子夜裘甫劉睢劉慶
從百餘人出降遙與諸將語離城四十步官軍疾趨
斷其後遂擒之甫等至越州式腰斬睢慶等二十餘
人械甫送京師剡城猶未下諸將以擒甫不復設備
劉從簡率壯士五百突圍之諸將追至大蘭山從簡
據險自守秋七月丁巳諸將攻克之台州刺史李師
望募賊相捕斬以自贖所降數百人得從簡首以獻

諸將還越八月裘甫至京斬於東市加王式檢校右散騎常侍諸將官賞各有差其後弟龜復爲浙東觀察使人皆舞蹈迎之乾隆李志　唐書本傳裘甫作仇甫又王起傳起子龜式似式爲弟矣祀名宦

宋

劉韐字仲偃崇安人宣和初知越州睦寇方臘爲亂連陷州縣嵊令宋旅戰死丁壯爲俘廬舍悉燬明年韐將兵掃除督令張誠發繕城以守未幾賊黨復至掩殺幾盡建議於白峯嶺置長樂寨守之嵊乃平後死靖康之難舊志作劉述古按府志宣和初爲越守擊敗方臘者爲劉韐而無述古名且舊邑志

宋旅傳云旅死寇難越帥劉幹上其事則述古郎幹無疑矣豈以幹嘗爲述古閣直學士觀謝氏而誤以官爲名耶今改正又長樂寨與白峯嶺相去四十里不得併而爲一當是奏置白峯寨并置長樂寨耳

朱熹婺源人口熙中知南康軍提舉常平鹽茶公事會浙東大饑王淮奏改浙東卽日單車就道訽訪民隱凡丁錢和買之政不便民者悉釐革之上謂王淮曰朱熹政事卻有可觀宋史

乾隆李志熹始拜命卽移書他郡募米商蠲其征比至米已輻輳行部乘輕車僃御徒秋毫不及州縣雖深山窮谷搿循不遺官吏憚風采有解印綬去者所部肅然明年正月入嵊三界發米六萬八千石奏劾侵漁官米指揮使荒政克舉民賴全活

黃由字子由長洲人口熙八年中進士第一通判紹興督行荒政於嵊改糴爲賑發米五萬石與民不取直

嘉定初以正議大夫知紹興時嵊有虎患訛言虎有神或變爲僧或爲猨狙倏忽莫可蹤迹由禱於神募人捕之殄滅無遺民賴以安仕至刑部尚書兼直學士院自號盤隱居士萬歷府志

元

游僎紹興路判官泰定元年越旱饑嵊邑尤甚僎奉檄來賑初發官廩賑給饑民凡四千八百餘人不足則募諸富民又不足則市米他邑親至鄉村散給之所全活以億萬計山陰韓性爲之記周志

明

龎尚鵬廣東人嘉靖四十五年巡按浙江時嵊苦東關力役受役者輒傾其家尚鵬酌爲定費均派丁田每歲輸銀入官令執事者領辦民以免累爲立專祠春秋祀之乾隆李志下同

蕭廩字可發萬安人萬歷十二年巡撫浙江憫嵊東關役曰吾以是不平者屢屢顧其事未易言終不可無言姑須之無何入爲兵部侍郎卒民聞之淚下並祀龎尚鵬祠先是嘉靖間有顧廷對者宦湖中奉部使者檄往來台紹間過東關聞夫廩多輸自嵊既入嵊則供夫廩者仍嵊人廷對愀然曰奈何一邑而兩役

之民必不堪受之者能宴然耶作尹湖未議以明其事人並感之

國朝

趙廷臣字君鄰鐵嶺人康熙初總督浙閩澄清夙弊四年八月行部至嵊革除苛派歲省民資數千金而度田均賦毋使撟虔吏上下其手造福於嵊更巨及卒民哀思之乾隆李志下同

甯海將軍固山貝子者名福喇塔宗室輔國公裘揚武子也康熙十三年靖南王耿精忠繼吳三桂尚之孝叛於閩先寇浙東

天子命和碩康親王佩大將軍璽符固山貝子爲寧海將軍偕往督師八月師次杭州時金衢溫處賊兵充斥山寇乘間蠭起貝子與康親王密籌方畧未啓行而台州告急矣貝子曰台州爲取溫入閩要地賊帥曾養性朱飛熊皆渠魁也非某往不可遂辭康親王赴台途次聞賊棲嵊貝子曰賊以天兵方問罪於閩故横行無忌緩之適以害民於是以兵一千授參將滿進貴知府許宏勳知縣張逢歡進勦未至嵊而賊趙沛卿邢其古等已陷城劫庫焚公廨矣急令滿進貴張逢歡統師擊之凡殺賊百數十餘黨奔潰貝子

給把總馬國常戍兵二百名令防守縣城而檄參將
滿進貴知府許宏勳都司王德輔守備周鳳滿明倓
知縣張逢歡領馬步兵分路進勦大敗僞總兵俞鼎
臣於沼湖追至蔡家灣九里泉戮僞副將以下四人
越三日復擊之生擒賊首董懋斬首七百餘級賊奔
崇仁富仁等鄉越五日又及之賊復逸至太平長樂
開元等鄉貝子嚴檄督戰進貴等益用命分兵奮擊
大破之斬首一千餘級奪還俘掠無算釋艮民之被
脇入賊者一百七十五人民慶更生無何僞總兵俞
鼎臣趙亦賢等復招合潰兵溯剡溪而上沿途劫殺

貝子曰是當以智取也乃佯檄班師大會僚屬置酒作樂賊偵知亦劇飲不設備至二鼓密遣進貴等統兵三路進擊生擒邱恩章趙沛卿等之有名號者七十餘人悉斬以徇而楊四王茂公等潛竄上虞餘姚等處貝子召許宏勳張逢歡諭之曰嵊雖平然崇山峻嶺此輩尚多安保其不復爲患今台州告警未可頓兵善後之策是在守令當念今之流賊卽昔之良民半以饑寒被脅殺之可憫宜勦撫兼行毋純任武宏勳等率紳士深入賊巢宣諭德意一時領衆歸順者不下億萬咸頌貝子之仁武不殺也貝子慎於用

兵處出萬全而後動故每戰必捷台溫甯處諸郡以
次恢復卒以盡瘁薨於福建行省時康熙十五年十
一月二十七日也康親王疏奏奉
旨貝子係朕宗室爲國勤勞軍前病故誠大可矜
諭祭建碑　賜謚惠獻浙閩多祠祀之嵊人向設位於
惠安寺春秋致祭乾隆五年更建專祠以報功德云
許宏勳字無功又字元公遼陽人以父爾顯蔭除刑部
員外歷雲南順甯知府丁艱起復補紹興康熙十三
年耿精忠反福州浙東羣盜並起連陷諸暨嵊縣新
昌七月攻郡城時副將許捷玩寇方娶婦置酒張樂

宏勳毅然曰古太守任兼文武我當受難乃去冠服
服短褐持尺刀周視城垣賊至挺身先上麗譙民競
持杖不呼而集且數萬命紳士分門登陴巡堞傳餐
人人歡呼願死守賊攻常禧門何守備戰於斑竹菴
不利而退賊遂圍城乃出家丁及民壯數百人分兩
道出斬首數百級溺死者無算次日賊攻五雲門宏
勳啟門親督壯士擊賊會城援兵又至賊解圍遁八
月郡兵東討上虞餘姚大嵐山宏勳慮破賊日山民
橫罹鋒刃乃隨軍單騎至大嵐山絕頂諭降賊齊聲
曰此神人也咸卸甲去九月甯海將軍固山貝子率

師徇台州巡撫提督以宏勳知兵命從行至嵊縣偕參將滿進貴由仙巖取道進攻長嶺連破太平長樂開元蔡家灣諸砦賊勢大衰至貴門山班師計陣斬及生致僞文武各數十人賊首數千級獲資械無算宏勳慨赤子蹈水火列榜招諭降其餘衆萬餘新嵊悉平而前所遣僚屬分將西擊蕭諸羣寇者亦皆克捷八邑靖焉總督李之芳疏薦陞浙江按察司使分守紹甯累官河南布政使司卒於官

名宦

東漢

薛棠河東人以郎中拜剡令有善政甘露降圍熹平四年遷沇州刺史明年甘露復降庭前樹從事馮巡主簿華操等相與褒樹表勒棠政金鄉城內有沇州刺史薛棠像碑水經注

吳

賀齊字公苗山陰人本姓慶氏伯父純爲江夏太守避安帝父清河王諱改賀氏少爲郡吏守剡長縣吏斯從輕俠爲奸齊斬之從族黨糾衆攻縣齊率吏民擊破之威震山越後太末豐浦民反轉守太末長期月盡平時王朗奔東冶侯官長商升起兵應王朗齊悉誅降之領都尉事還奮武將

軍從孫權攻合肥權爲魏將張遼所襲幾危齊率兵迎於津南脱權於難後與陸遜破尤突降丹陽三縣得精兵八千拜安東將軍封山陰侯遷後將軍領徐州牧吳書 抱樸子昔吳遣將軍賀齊討山賊賊中有善禁者每當交戰官軍刀劍不得拔弓弩射矢皆還自向輒致不利賀將軍長情有思乃曰吾聞兵有刃者可禁蟲有毒者可禁其無刃之物無毒之蟲則不可禁彼必是能禁吾兵者也必不能禁無刃物矣乃多作勁木白棓選有力精卒五千人爲先登盡持棓山賊恃其有善禁者了不嚴備於是官軍以白棓擊之彼禁者果不復行所擊殺者萬計 浙江通志自賀齊討平山賊始立爲郡縣 按舊志俱云齊爲剡長又云剡治舊在江東齊徙今所城亦齊建

晉

周翼字子卿陳郡人郗鑒之甥少遇饑亂賴鑒相濟得

存翼爲剡令鑒亡翼追撫育恩解職歸心喪三年後歷青州刺史少府卿周志

謝奕字無奕陳郡陽夏人太傅安之兄少有器鑒辟太尉掾作剡令有老翁犯法奕罰以酒過醉而猶未已時太傅年七八歲在奕膝邊坐諫曰阿兄老翁可念何可作此奕改容曰阿奴欲放去耶遂遣去累遷豫州刺史剡錄

李充字宏度江夏鄳人也父矩江州刺史充少孤父墓柏樹爲盜所砍充手刃之由是知名辟丞相掾記室參軍褚裒爲征北將軍又引爲參軍充以家貧求外

出哀將許之爲縣試問之充曰窮猿投林豈暇擇木乃授剡縣令晉書

殷曠之仲堪子有父風爲剡令剡錄

宋

王鎮之字伯重瑯琊臨沂人父隨之爲上虞令因家焉鎮之初爲瑯琊王衛軍行參軍出補剡令再令上虞並有能名內史謝輶請爲山陰令復有殊績桓元以爲錄事參軍時三吳饑銜命賑恤糾會稽內史王愉不奉符旨爲貴盛所抑以母老求補安成太守母憂去職在官清潔妻子無以自返乃棄家致喪還葬上

虞服闋爲征西司馬南平太守後爲御史中丞執正不撓百僚憚之出爲廣州刺史蕭然無營去官之日不異始至遷宋臺祠部尚書終宣訓衛尉宋書

周顒字彥倫汝南安成人舊志作安城長於佛理兼善老易嘗著三宗論宋明帝好元理引入內殿親近宿直元徽中爲剡令有惠政百姓思之齊建元初遷正員郎轉國子博士兼著作郎太學諸生慕其風爭事華辨著有四聲切韻行於時南史下同

齊

張稷字公喬吳人幼有至性生母劉遘疾時年十一侍

疾終夜不寢及終哀毀瘠立父及嫡母繼歿廬於墓側六年州里謂之純孝永明中爲剡令會山賊唐寓之作亂稷率衆拒之保全縣境俸祿皆頒親故家無餘財入梁累遷尚書左僕射出爲青冀刺史不得志禁防寬弛會州人徐道角作亂遂遇害祀名宦張志云稷子忠貞公嵊世居剡珏芝里其裔孫文彬徙居秀異坊按乾隆李志云冀即青州所分是爲南冀州南朝州縣多僑置齊仍宋制青冀刺史以鬱州爲治所詳宋地理志

梁

劉昭字宣卿高唐人昭幼清警通老莊義及長勤學善屬文外兄江淹早相稱賞天監中累遷中軍臨川王

記室爲剡令卒於官著有文集十卷注後漢書一百八十卷

陳

徐孝克東海郯人陵弟也有口辨能談元理性至孝居恒清素好施惠天嘉中除剡令非其好尋去職太建中徵爲秘書丞不就宣帝甚嘉其孝行入隋仕至國子博士梁書按舊志載陵不載孝克查徐陵本傳無令剡事殆誤以孝克爲陵耶

唐

杜佑字君卿京兆人以蔭補濟南參軍事剡縣丞累遷同中書門下平章事封岐國公 佑資嗜學雖貴猶夜

分讀書撰通典二百篇新唐書下同

劉迺字永夷河南伊闕人天寶中擢進士第喪父以孝聞服終補剡尉建中時拜兵部侍郎朱泚之亂遣人召之不可脅聞車駕如梁州不食卒

宋

丁寶臣字元珍晉陵人第進士爲太子中允知剡縣首重學校興殿舍肖孔子像聽決精明賦役有法民畏而安之旋改令諸暨暨人喜曰此剡人所戴以爲慈父者吾邑何幸焉而寶臣亦用治剡者治暨大有政聲以材行遷編修校理祕閣英宗每論人物屢稱之

其卒也歐陽修王安石表識其墓乾隆李志

過昱字彥專一作公彥皇祐初以秘書丞出令剡歲饑流民集城下昱勸富家出粟賑之明年又饑乃出常平錢請糴取其贏米幾萬斛予流民又劃俸麥爲種假超化院田千餘畝役饑民耕種之明年得麥五百餘斛民賴以活使歸復業流民感激而去熙甯己酉昱已亡劉彝過故院見談過公者無不泣下因記以詩詳藝文當時又有詩云賢哉過令尹德政是吾師萬事無鋒穎一心惟愛慈爲人所欽慕如此萬歷府志

宋旅字廷實莆田人第進士宣和中知剡縣方臘既陷

歙睦杭衢婺五州且犯越越盜應之縣吏多遁旅遣妻子浮海歸閩獨與民據守以忠義激勵部勒隊伍爲豫備計俄而盜衆大至旅躬率壯鋭冒矢石雖多殺獲終以力不敵死之越帥劉韐上其事詔贈朝散郎錄其四子宋史祀名宦

宋宗年祁府志作郊之孫建炎中令剡金人攻越守李鄴以城降屬邑皆潰宗年城守獨堅民賴以安官至中散大夫因家於剡萬歷府志祀名宦乾隆李志云宗年卒葬大洋元時子孫居集賢坊今徙一都愛湖旁

范仲將蜀人姜仲開淄川人紹興初相繼爲令仲將健

於立事而仲開政在急吏寬民性行畧相似仲將先拓孔子廟創戴顒墓亭仲開復建學堂移殿廡與門南向皆重學崇儒建豎偉然先後稱二仲仲開卒葬福泉山其子孫居江田村乾隆李志

謝深甫字子肅臨海人萬歷府志誤作臨安人乾道二年進士尉嵊歲饑有死道傍者一嫗哭訴曰吾兒也傭於某家遭掠而死深甫疑之廉得嫗子曰汝奈何匿子而誣人也嫗驚伏曰某與某有隙賂我使誣告耳皆抵罪自是人不敢欺爲浙曹考官一時士望皆在選中曰文章有氣骨可望而知調知青田侍御史葛邲顏師

魯交薦之孝宗召見深甫陳言用人在上涵養之振作之勿使阻傷辭極剴切上嘉納之除大理丞江東大旱擢爲提舉常平講行荒政所全活者一百六十餘萬人累官右丞相封岐國公致仕有星隕於居第遂卒理宗朝追封魯公謚惠正有東江集先是深甫布衣時由丹邱赴南宮嵊嶀浦廟神告以富貴期既登科來尉事神甚謹入樞筦請封神爲顯應廟周志

楊簡字敬仲慈谿人師事陸九淵洞徹精微學者稱爲慈湖先生乾道中爲紹興司理犴獄必親臨端默以聽使自吐露越陪都臺府鼎立簡中平無頗惟理之

從常平使者朱熹薦之改知嵊歷官寶謨閣學士著有慈湖甲藁宋史道光李志云舊府志楊簡未蒞任而嵊人重其人祀名宦焉然周志官師表有楊簡名乾隆李志則云乾道中任又嘉靖三十三年提學副使阮鶚檄知縣吳三畏立慈湖書院似己蒞嵊任者

詹乂民剡令初邑人以元日昧爽謁廟聞廟中語曰今歲丁旱或又曰詹乂民作宰倘旱爲門啟而入始知其爲神也夏果旱詹來雨隨車而注周志

史安之字子由四明人浩之孫嘉定初令剡清訟剔蠹度田定稅宿弊盡洗貧民有兩稅不能輸者絹綿錢穀凡數千計安之捐俸代輸奏免和買錢二千餘貫

絹二百餘匹百姓歡呼載路飛蝗入境食草木之葉而不稼不傷人謂德政所感卜地拓故學宮課士不輟築城修倉百廢俱舉而民不以爲勞嘗構面山堂於治北引客觴詠其間風致灑然求高似孫作剡錄剡中掌故自此始李宿治績記　按杜春生云安之仕至朝奉大夫浙東安撫司參議二子曰卿月卿按劉氏墓銘又有雲卿豈其改名者歟

陳著字子微舊志作子徵誤奉化人登文天祥榜進士景定初相國吳潛等以著才可大用相繼薦於朝時賈相當國諷其及門著曰甯不登朝不爲此態遂出授福安令咸口四年改知嵊先是宗室外戚有居嵊者持一

邑權前令卒坐是譴去闕令者十有七年於是豪貫橫行每於僻地剽繫行人至家胥靡役之歲終復攫行人代乃紓去謂之奪僕又造白契卒合證佐占人田產無敢問者著至獨持風裁設禁治之諸豪貫始斂戢民賴以安在嵊四年遷通判揚州代者至民乞留不得去嵊距著家僅五舍民自東郭道中至城固嶺數十里祖帳遮道依依不能舍因名嶺曰陳公嶺以識去思代者李興宗謂著何以處我著曰義利明而取予當教化先而獄賦後識大體而用小心愛細民而公巨室如是而已累官監察御史知台州府乾隆

李志下同　按著有本堂集行世見宋詩紀事　祀名宦

閆人安世字漢卿嘉興人尚書建次子授汾州文學改杭州文學終剡縣主簿有政聲子昌時遂家餘姚

元

佘洪字仲寬益都人元貞初尹嵊廉介明決爲民蘇困邑夏稅絹準鈔過重洪請得納絹減費之半先是田稅重而山與地不科洪倣史安之例酌步以均之秋糧輸布民既輸半會淮郡旱蝗復令改徵米洪力陳不便乃得免退既復徵米三千有奇洪又力陳灘險嶺峻民疲於運請留備本邑春歉民咸稱便新廟學

創書院除免儒充里胥民感之爲立道愛碑舊志余作余道愛作遺愛誤

宋節一名也先大德間爲邑尹操厲凜然一介不苟取政多惠愛上下和洽調奉化知州陞監察御史周志

高閭蒙古人至大二年爲嵊達魯花赤政尚嚴肅裁吏卒之冒濫者若干人才名籍甚鎮守千戶縱戍卒擾民閭繩以法尋白帥府罷鎮守司民獲安堵時尹萬愿嚴毅有守勤於民務與閭相持以正並稱循良云萬歷府志下同

教化的怯烈人泰定元年爲嵊達魯花赤潔已愛民以

糧稅輸郡道路艱阻請折以布民感其惠爲立石志思

仇治字公望至元初尹嵊首定役法民咸稱便時達魯花赤馬合麻縱吏卒爲暴治逮捕數十輩械府悉論罪縣境肅然亡何竟爲馬合麻所中傷罷去治練達果斷不畏强禦嘗曰手執鈍斧砍無名樹樹盡山空樵夫歸去足以想其疾惡矣周志

趙琬字仲德河南人元至正間尹嵊剛果有才幹抑强扶弱爲吏卒所畏累遷台州路總管元亡自縊死先是其兄璉爲淮上參政治行嚴毅淮寇張九四起高

鄆亦殉義死時稱二難張志

明

高孜洪武初知嵊涖政明敏愛民如子及卒邑民悲號相率葬於北門外星子峯下歲時祀之萬歷府志乾隆李志云孜在任三載

康甯洪武初爲邑主簿政務恤民民懷之凡賦役不煩勾稽而遇事明決案無留牘乾隆李志下同

湯輔字師尹弋陽人洪武二十四年由進士除教諭講授無虛日與訓導施震胡愚及諸生捐俸廩修明倫堂成化二年陳烜字士華福建人由舉人除教諭有

志操以邑無鄉賢祠乃節俸以倡創爲堂三楹祀晉
以來名賢人並稱之
吳元亮仙居人洪武間訓導沈靜方嚴動必以禮講明
正學以開後進及卒與僚友諸弟子訣端坐而逝據周
志補纂
龍淵字景雲洪武末令嵊撫字有法政在寬猛之間識
者謂爲得體秩滿陞監察御史轉淮慶知府居志
譚思敬永樂間令嵊政先教化時以孝弟格言告耆老
使歸訓子弟於是縣民嚮化咸自誦所訓曰教我孝
者譚乎因共呼爲孝譚九年秩滿民懇畱之復任九

年愛嵊山水遂家於禮義鄉子孫世爲嵊人萬曆府志按浙江通志思敬湖廣人由鄉舉任

黃份字原質佚其籍永樂間爲嵊教諭王洪字宗大江甯人成化間爲嵊訓導俱工詩喜蒔花木胸次灑然能以風雅爲士林提倡周志

舒仲池州人宣德初典史姿儀俊偉通經史喜接賢豪長者置甎經旬視一切聲利淡如也新纂

符綽正統初爲典史耽詩酒詢能詩者致幕中日與觴詠爲樂令長知其志不縈以政而綽亦踸踔自喜或呼爲酒顛云新纂

徐雍毗陵人正統初令嵊潔己愛民問民疾苦憂勞遘疾子彥華刲股以救弗愈卒浙江通志

單宇字時泰臨川人正統四年進士除知嵊縣馭吏嚴吏欲誣奏宇宇以聞坐不并上吏奏逮下獄事白調諸暨遭喪服除待銓京師疏請盡罷中官監軍又請罷遣僧尼歸俗復知侯官宇好學有文名三爲縣咸以慈惠聞明史　按乾隆李志宇政識大體先學校重農事創義倉以備旱暵民不告勞善吟詩所著有菊坡叢話

徐士淵定遠人由鄉舉正統初知嵊縣時值旱蝗力請於上得米入百石以賑已而洊饑憂勞成疾卒於官

槖無餘金百姓哀之萬歷府志

孟文潞州人由鄉舉正統八年任居官廉能民賴之時縣丞方主簿徐典史符民謂之謠曰孟青天方索錢徐老實符酒顛十二年處州賊爲亂奉都御史檄率民兵往剿踰年寇平賚金旌賞六載考滿引年去張志下同

李春成貢人由鄉舉成化二年乾隆李志作三年來介性嚴毅寡言吏卒畏悚不敢爲奸布蔬以臨民民雖畏而可親有歌云勸課農桑民樂業作興學校士登科謂爲實錄三載丁外憂去行李蕭然

許岳英字邦賢潮陽人由鄉舉成化中知嵊清愼警敏爲政以教化風俗爲急當春出郊視農事民爲立勸農亭舉行藍田呂氏鄉約崇獎節孝率諸生習射於射圃又開社學教民子弟延知名士輯邑志建廟學齋廡及豆籩罍爵等一切修飭嵊田十舊多詭冒賦役不均特爲丈田均賦宿弊一洗蓋卓然稱能吏云

乾隆李志下同

臧鳳字瑞周曲阜人第進士宏治中知嵊爲政平恕有操守鄉民上堂誤觸公案墮地叩頭不知所措鳳笑遣之鎮撫司郭榮犯法訟者咸推避莫能決鳳承檄

立訊之寘於法城南臨大江舊惟土堤洪水至則嚙堤漂屋屢爲民患鳳乃相基壘石長堤屹然至今賴之三載擢監察御史百姓莫不流涕累官南京兵部尚書

徐恂字信夫嘉定人由鄉舉宏治間來令勤敏有吏幹縣治學宮壇社倉廒以次修舉重刻學庸冠冕續編清風祠集聘夏雷作邑志類能以文飾吏治周志

張暄舊府志作萱正德間由鄉舉任清操凜凜是時中官橫肆使者下邑誅求莫敢誰何暄立笞之中官識暄名置不問童校尉還里勢張甚暄懲之以法上官檄下

有不便暄輒封還或論駁上官亦嚴憚檄不妄下時謂之張强項浙江通志

林誠通由鄉舉正德間令嵊貞廉絶俗入覲遇盜啓篋僅數金盜曰廉吏也還金而去或謂才不稱德擬之公綽然申裁冗費民以休息又才者難之官至參議周志下同

王伯當直隸人正德間爲嵊丞清白自持人不敢干以私歷數載如一日遷縣令去士民繪冰壺秋月圖以贈

譚崧府志作松德化人嘉靖初知嵊簡靖和易一意拊循百

姓有譚外公之稱

吳三畏字日寅莆田人由鄉舉嘉靖間以臨海教諭陞嵊令嵊舊無城時倭夷方充斥所過殺掠三畏曰邑無城是棄其民也乃周遭相度城故有址多屋於民三畏立命撤去將庀材鳩工而計費巨萬工當數萬衆有難色三畏曰城勞民不城無民則奚擇難者悟翕然惟命三畏晝夜省督寢食俱廢城始半賊自天台入境相望五里三畏曰城即半猶愈無城率民兵上城燎火燭天呼譟動地賊知有備遂宵遁明年城成賊復至三畏登陴守禦賊不能犯嵊人以是知城

功之大也三畏短小精悍而敏慧過人遇事無盤錯訟牒盈庭立口決手判去民千百在前一目不忘善大書適勁有古法五年陞廣信府同知特祠祀於望越門內子應台生臨海長於嵊成進士歷官浙江左右布政體恤嵊民加摯祀名宦

吳泰江陰人以舉人除教諭志趣恬淡不逐勢利兩上春官不第遂飄然解職去士論難之周志

陳宗慶金谿人由鄉舉嘉靖間令嵊至邑勞問民瘼上書論列兩事其一謂嵊協濟東關重役不均累苦萬狀當首免也且東關曹娥僅隔一衣帶水何煩兩驛

誠得合併可減費十之四五其一謂嵊例食台鹽道里險阻官鹽既經年不至而私鹽之禁又厲是使民卒不得食鹽也姚會鹽場與嵊接壤宜以彼鹽令商告稅發嵊使窮民得以商鹽展轉貿易官民兩便書上皆不報改官去至都猶上書徧謁諸貴人爲嵊民請命卒無信者十年而兩驛併又十年而商鹽通其言大驗民益思之官至通判乾隆李志下同

張梅字元卿句容人嘉靖間以親老由舉人除教諭振刷學規督厲諸生非公事不得履縣庭有執贄進者問其家之裕否爲受卻性耿介不肯曲意令長曰我

賓師也令長亦不能屈更加禮焉

黃積慶金谿人嘉靖間由貢授訓導布袍蔬食不事紛華以端嚴律己而待士則盎然和易士樂親之博學好古著有樂律管見行於世道光李志下同

江學曾青陽人由歲貢嘉靖間爲訓導受業王文成至嵊以致良知啓迪多士士多興起性耿介取與不苟有詩名

林森侯官人由鄉舉嘉靖末知嵊早孤事母孝嘗語人曰始吾幼時母憂吾不得長今長矣又憂吾老何以慰母惟勉爲好官耳嵊舊有糧長常例金森至首革

之其政務恤困窮抑豪右定圖均役吏胥束手然不能曲意上官竟坐調象山瀕行止餘贖金數十曰此嵊金宜爲嵊費發修譙樓行李蕭然里老醵百金爲贐曰必橐中無一錢我心始安卒不受去官至知府乾隆李志

王言長樂人爲諸生時鄉邦重其行嘉靖閒以歲貢任武康訓導遷嵊教諭動循禮法跬步必謹耄益精明與諸生談經書究析微奧陞教授去周志

薛周壽州人由歲貢隆慶閒爲嵊令精沉有心計時水患洊至田鉄糧浮周請度田均賦豪滑不能詭漏催

科一遵條鞭而侵攬之弊遂淸民承賴之乾隆李志下同
吳祺無錫人由監生隆慶初官邑上簿祺素貧聚徒授章句至是歎曰簿所得俸視塾師不啻過之於分足矣又目其子曰兒癯不勝衣與過其涯將階之禍吾當以淸白全汝五年常俸外不索一錢祺老成練達剛介不撓葢近世卑官之麟鳳擢邑丞不就致仕
童復甌甯人由監生隆慶四年爲嵊丞傴僂短小而性卒直所操執卽豪貴不能奪知縣朱一栢之改濬溪流也委復董役風雨不輟以勞瘁卒道光李志
朱一栢甯國人弱冠舉於鄉隆慶五年知嵊始至奉法

循理人疑無治幹甫月有胥玩法懲之不數日一老胥抱牘陳事微言欲中以利又懲之人大信服糧里役於公者月有限非限令且去卒無廢事讞獄平允往往導使自解而訟日以簡嵊向多科名時不畢於鄉者且三十年父老言宋時溪流環邑若抱今南徙矣文風不振職此之故一栢乃循故道計日興役鑿渠增埠引而歸之不數月河成又建亭星子峯於是進士人而詔之曰地道已畢盍修人道集士子於學宮厚其廪餼月凡三試親爲甲乙終歲無惰容士由是興於文行是科得雋者三人後駸駸以起云一栢

胸無城府不矯飾以立名而令行禁止吏絶其奸民樂其生五年陞南京光祿署正歷官慶遠府知府

王天和字致祥吉安永豐人由歲貢隆慶間訓導萬歷間陞教諭在邑凡十餘年蚤遊鄒守益聶豹之門刻意學問砥礪名行至嵊首以冠婚喪祭古禮誨導諸生著全禮纂要使遵行之尤嚴居喪酒肉之禁舊鄉飲賓多富者而清貧篤行之士無聞天和慎重不使濫與獨延禮布衣袁榜篤行有志操由是人知所勸諸生有貧不能喪葬者捐俸以助尤奬勵節義引拔後進與邑令議建名宦祠遷學門増置廟器署邑事

數月以廉能著爲邑耆所中不獲薦用遷南安教授去嘗修邑志未就今究覈賢宦名實猶以其言爲折衷云

王汝源烏程人爲其邑唐一菴高弟以歲貢除嵊邑訓導學敦實踐動循繩尺與人柬牘必手書點畫不苟其小物克謹類如此授諸生性理講論不倦巡撫蕭廪少所許可獨稱其學行著有貢選二約性理圖書二述陘義烏教諭績益懋先是王教諭稱行素先生而汝源亦號憶素姓號同學行又同狀貌亦酷相類云

施三捷字長孺福清人由鄉舉萬歷丁未知嵊性彊毅事或便民悉果行之善聽訟事至必剖民以不擾在任五年上官重之嘗捐俸倡建南門橋邑人名曰施恩署旁多種菊暇則吟詠著有澹圍詩集陞順天府推官去民祠之南門橋首祀名宦乾隆李志下同

王志達號升齋龍溪人由鄉舉萬歷壬子知嵊政尚惇大視編氓如赤子甫下車旱甚徒步祈禱奉檄頒賑周歷僻壤在嵊五載循聲著陞判本府弟志遠先以進士判越嘗署嵊曉暢治體時稱漳水二難云祀名宦

王應期浙江通志作應朝字我辰六安州人由鄉舉萬歷庚申

知嵊賦性剛敏奸猾望風屏迹事無巨細言出即洞知肺腑與衆酬應歷歲月能一一舉其詞民詫爲神無繁刑重罰堂清如水嘗自銘其堂云天地好生動念須充不忍聰明悉盡凡事務留有餘試士公明所拔皆寒素二載調繁桐鄉去民祀之

陳士彥錢塘人由鄉舉爲嵊教諭以行誼造士士有好修者折節禮之持已廉介而賑恤貧士又惟恐不及署嵊邑篆有惠政尋以艱去歷官知縣

國朝

郭忱華州人由鄉舉知嵊剛斷能任艱鉅每有徵發委

曲調劑冀寬民力台海之變士馬屯南郊者以萬計鞭笞勒犒胥役皆竄匿忱往來供億絲毫不以累民叛兵自餘姚走嵊提帥領兵追剿忱日夕馳驅山谷間心身俱困以中暑卒於官忱任事甫期月當士馬繹騷之際能恫瘝乃身而究以勞瘁死惜哉

龔自淑西安人順治間由貢任訓導有操守待士以禮捐俸構鄉賢名宦二祠及學宮戟門卒於官先一年喪妻命子扶柩去比卒一媳一孫煢煢無以殮知縣張逢歡賻櫬邑紳士醵金爲賻乃得治喪歸道光李志

張逢歡號玉臺閩中人居官廉靜周知民間疾苦凡一

利可興一弊可革無不悉心爲之康熙甲寅山寇胡雙奇金國蘭等乘耿逆之亂蠭起爲盜城内外播遷無甯宇逢歡多方捍禦集鄉勇爲團練長俾各保護而勢終不能制則赴郡請援會甯海將軍固山貝子福喇塔統兵征台州道經嵊邑逢歡以亂離狀啓貝子憫之給綠旗兵一千名命同參將滿進貴知府許宏勳分路進剿連敗之於開元長樂太平等處又親詣賊巢招撫餘黨嵊邑乃平顧鋒鏑之餘廬舍荒涼村無煙火逢歡休養而安集之課其農桑寬其力役邺其貧苦而民氣以甦又修輯邑志興學校官舍橋

梁川澤諸大政以次具舉嵊人至今思之與知府許
宏勳並配祀惠獻王祠乾隆李志下同
門有年博野人康熙初由歲薦爲丞釐剔奸蠹左右無
敢撓捐俸修學宫兩廡力興文教每朔望至鹿胎書
院與諸生講學孜孜不倦嚴飭婦女不得入廟禮佛
風俗爲之一變後爲奸蠹所忌匿名訟府事雖得白
而志不伸以疾卒
張宏字宥涵昌黎人康熙中由拔貢任新昌令二十八
年兼攝嵊篆居官清勤愛養百姓秋毫無取嘗以數
騎往來兩邑間興利革弊民共賴之明年竟以勞瘁

卒於嵊從府志補

鄧巖貞臨海人以歲貢爲嵊訓導敦尚名教日以詩書課士性澹泊無所營亦不屑詭隨投時好嘗捐俸葺崇聖祠以疾卒於官諸生請祀名宦不報乾隆李志下同

朱宸枚字枚臣海鹽廩貢生補嵊教諭時學廨久圮僦居民舍宸枚平西廡荒山及豪民之侵佔者建屋七楹鑿池栽竹後乃有甯宇焉康熙丁亥大嵐山寇竊發擾及邑界宸枚督修戰具分守西城明年知縣趙珏奉檄監修貢院隨入闈委宸枚攝邑篆會大水極陳百姓被災狀大吏勘實請題糧得減免宸枚力也

嘗捐俸葺大成殿左偏築明倫堂圍垣又助知縣宋斆建義塾置田延師以課士文風以振辛丑以公事赴郡卒遠近惜之

王勳蔭號敬庵籍大名本山陰人令嵊果毅能任事寬以撫民而馭胥役甚嚴性耿直凡豪右之武斷鄉曲者痛繩不稍徇坐是被誣罷職遠近寃之

徐匡宇漢衡嘉定舉人知嵊五載催科不擾訟減刑清民皆賴之善賦詩每公事至鄉過山水佳處卽豪吟寄志嘗自銘柱云關節一毫無地入公平兩字有天知又云居養無殊蓬戶日擔當恐負秀才時又云五

斗米可以有爲倘爲身家安得人呼父母一文錢不容苟取若朘膏血豈非自食兒孫可想見其操持矣後以計典降調去人多惜之

宋斅字約齋長洲人由貢生知嵊年少善決獄康熙辛丑大旱斅捐俸募賑設粥廠於城鄉自十二月至明年三月所全活以萬計有僧俗爭田者例應入官斅以四十三畝歸義塾以三十畝歸清風祠嘗濬朱公河又請增歲科入學額四名雍正二年以父濟甯道虧空撤回另補

張泚字清之上谷人雍正初以舉人令嵊居官廉能政

暇進諸生與之飲酒賦詩相得甚歡言涉干請輒怒形於色甚或立屛去之任事有幹局以峭直不阿上官謂其短於吏治擬調學博尋以他故罷去

王以曜太行人雍正間以舉人令嵊敏於政案無留牘喜與士論詩文甫涖任首捐俸重建學宫兩廡戟門士多向風輸助未訖事調武義去邑人至今稱之

傅珏字連璧奉天人雍正間以拔貢令嵊性明敏能以片語摘民隱人稱平允居官四年凡學宫祠宇署廨譙樓咸撤而新之調慈谿令去攀轅而送者直至三界傳爲去思盛事

楊玉生字雲章三原人雍正間以保舉題署嵊邑操行廉潔鋭於有爲尤加意造士捐俸購民房倡建義學延師聚弟子課之不一載以外艱去道光李志

陳天寅富陽人歲貢生除訓導制行端愨論文一規先正親授諸生經從遊日衆一日失俸銀十兩衆咸知爲某竊斥之天寅曰斥之則辱之矣毋以此區區者隳人名行蓋温厚和平多類是三載卒於官乾隆李志

李以炎字崑山廣西博白人康熙甲午舉人乾隆四年以卓異由湯溪調嵊修學校建橋梁纂邑志政尚慈惠邑人德之六年兼攝山陰篆歷任三邑皆有異政

云道光李志下同

莊有儀鶴山人乾隆三十二年知嵊剛正廉明幹練有爲嘗倡捐修築城垣又率紳士修葺聖廟廊廡戟門泮池士民頌德政聲籍然會兄有恭巡撫浙江回避調去

唐仁埴字栢田江都人以詩名乾隆間令嵊剛毅明斷案無留牘父辰衡任迤西道病歸迎養盡孝凡事必稟命偶有怒即伏地請罪色霽乃起雖書役在旁勿顧也嘗倡修至聖廟朱文正公爲之記邑西大仁寺僧爭產公析爲三一建輔仁書院給膏火一充合邑

鄉會試費餘歸寺僧士林悅服以卓異薦累陞開歸陳許道所至有政聲

周鎬金匱人夙學通才幹練精敏乾隆六十年莅任時塘坑山廠爲賊匪藪聚衆幾百人捕役不敢入鎬購線率士人搜捕治如法餘衆解散爲政寬猛兼濟釋株累懲奸胥緩善良抑豪右輿情洽甚嘗夏旱躡屩詣龍潭涕泣祈禱大雨隨至咸以爲誠感云去任時士民祖餞塞途有泣下者累陞漳州府知府

言尚熙宇春圃常熟人道光辛卯冬以通判署縣事善決獄摘奸發伏多奇中吏民不敢欺每鞫讞聽士民

環觀之俾知所懲警尤嚴禁娼賭犯者不貸闔境肅然新纂下同

楊召字鈍樵六安州人由舉人大挑署嵊篆性溫厚勤吏治愛民禮士體恤周至歲庚子夷人擾甬東急葺城垣晝夜程督雖勤忘疲時承平日久民聞變驚惶大兵進勦絡繹經嵊召外辦供億內資鎮撫兵不爲暴民賴以安

敖彤臣字丹崖四川榮昌人咸豐辛亥間以進士署嵊篆時嵊多無賴弱肉强食彤臣抵任捕其尤者寘於法羣兇屏息良儒以安自來諸令俱從堂聽事彤臣

必公服臨外堂發奸摘隱剖決如流觀者稱快修城垣興學校巡視各鄉隄砩督濬之雖瘁勿恤也數月境内大治將調邑紳赴上憲乞留格於例不允旋擢同知軍興委辦糧臺以憂勞卒

李道融字檢齋河南夏邑人道光乙未進士咸豐壬子令嵊廉明善斷民不能欺性尤長厚歷任浙中劇邑垂三十年不褻一人尹新昌考滿將歸阻粵寇僑居剡東林卒著有郭畏齋春秋說集解强恕堂今古文稿行世

嚴思忠號懷白丹徒人咸豐己未舉人同治七年冬署

邑篆性慈祥而練於吏事人不敢欺尤好植士類與
文教月課士子三案牘稍暇輒丹黄甲乙漏下四鼓
不少休遴其優者捐廉以餼士論翕然歸之時邑經
兵燹後文獻闕佚甫下車即以纂脩志乘爲己任未
數月而舉事虚中延訪規畫周當未及期而事已就
緒矣他如拓養濟院以恤孤窮嚴更巡令以弭盜竊
惠政及民罔弗感者猝於九年二月杪有天台龎姓
者病狂闖署嚴與妾王氏俱爲所害女大姑聞變救
護被戕尤慘事　聞奉　旨以孝女得　旌當禍發
後闔邑士民號泣奔赴哀慕弗諼焉